Sina Buchwitz

TAYLOR SWIFT

Sina Buchwitz

TAYLOR SWIFT

DAS GROSSE FANBUCH

riva

Bibliografische Information der Deutschen Nationalbibliothek
Die Deutsche Nationalbibliothek verzeichnet diese Publikation in der Deutschen Nationalbibliografie. Detaillierte bibliografische Daten sind im Internet über https://dnb.de abrufbar.

Für Fragen und Anregungen
info@m-vg.de

Wichtiger Hinweis
Ausschließlich zum Zweck der besseren Lesbarkeit wurde auf eine genderspezifische Schreibweise sowie eine Mehrfachbezeichnung verzichtet. Alle personenbezogenen Bezeichnungen sind somit geschlechtsneutral zu verstehen.

Originalausgabe
2. Auflage 2024

Türkenstraße 89
80799 München
Tel.: 089 651285-0

Redaktion: Birgit van der Avoort
Umschlaggestaltung: Manuela Amode
Umschlagabbildung: picture alliance / ZUMAPRESS.com; Shutterstock.com/Jana Kopilova
Layout: Manuela Amode
Satz: Bernadett Linseisen (schere.style.papier), München
Druck: Florjancic Tisk d.o.o., Slowenien
Printed in the EU

ISBN Print 978-3-7423-2660-7
ISBN E-Book (PDF) 978-3-7453-1788-6
ISBN E-Book (EPUB, Mobi) 978-3-7453-1842-5

Inhalt

Vorwort

Britney Spears als Pappfigur in Originalgröße, Christina Aguilera und Beyoncé als Poster an der Wand, Shakira und Co. auf den Titelseiten der *Bravo*-Ausgaben auf dem Tisch: Mein Kinderzimmer in den 2000ern bot ein ideales Abbild der damaligen Poplandschaft und ihrer Künstlerinnen. Sie dominierten die Charts, räumten unzählige Preise ab und hatten enormen kulturellen Einfluss.

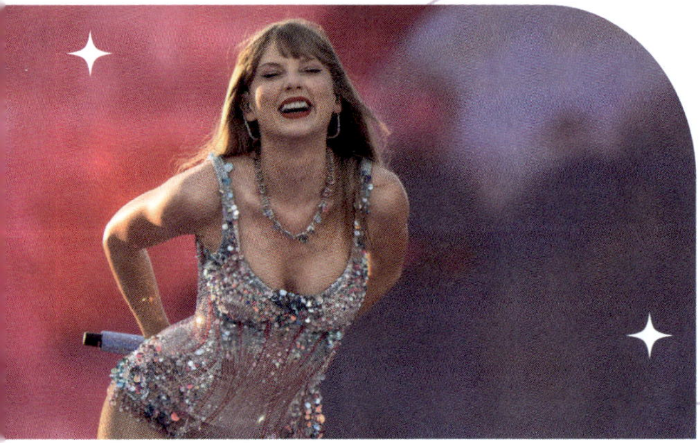

Ich fand diese Musikerinnen alle großartig – mit ihren Mega-Songs, coolen Looks und bewundernswerten Charakteren wurden sie zu Vorbildern meiner Kindheit und prägten diese auf entscheidende Weise. Ich wollte unbedingt so herzlich wie Britney, so unerschrocken wie Christina und so ehrgeizig wie Beyoncé sein. Für mich waren sie meine Heldinnen.

Doch trotz ihrer unstrittigen Erfolge und Errungenschaften hatten wir es damals nicht immer leicht. Wir, das meint sowohl die Pop-Queens als auch uns, ihre Fans. Einigen Medien bereitete es scheinbar ungeheuren Spaß, Musikerinnen gegeneinander aufzuwiegeln. Keine Gelegenheit wurde ausgelassen, um Britney mit Christina zu vergleichen, »Fan-Lager« zu eröffnen und die Höchststrafe darauf auszusetzen, falls es jemand wagen sollte, beide Sängerinnen gleichzeitig toll zu finden. Anstatt jeder ihren eigenen Wirkungsraum zu gestatten, wurden »punkigere« Frauen wie P!NK gegen »poppigere« Pendants wie Britney aufgestachelt. Als gäbe es eine Rangfolge zu ermitteln.

Bodyshaming wurde in den 2000ern ebenfalls großgeschrieben. Jeder Bauch, der nicht waschbrettbauchmäßig flach war, wurde zum Fettwanst hocheskaliert, Magazine führten Celebrity-Rankings an Frauenkörpern in Bikinifotos durch. Von der krankhaften Übersexualisierung weiblicher Künstlerinnen wollen wir gar nicht erst sprechen.

Für einen jungen Menschen kann das ganz schön irritierend sein. Du bewunderst deine Stars für ihre Power, ihre Kunst und ihre Message – doch einige Stänkerer in den Medien wollen nur Krieg und Kilos. Außerdem galt es damals nicht als besonders cool, mit Feuer und Flamme Fan von etwas zu sein. Euphorische Mädels, die stunden- bis tagelang vor einer Halle warten, um beim Konzert ihrer Lieblingssängerin in der ersten Reihe zu stehen? Dafür bekam man im besten Fall ein müdes Lächeln. Oft von denselben Männern, die kurze Zeit später im Fußballstadion ihre Mannschaft anfeuerten. Mit genau demselben hysterischen Gekreische. Nur eben eine Oktave tiefer.

Heute, rund zwanzig Jahre später, bin ich selbst Mama eines Sohnes und glücklich, dass Frauen wie Taylor Swift für einen Wandel gesorgt haben. In ihrer nun ebenfalls fast zwanzigjährigen Karriere hat sie einen großen Teil dazu beigetragen, dass Frauen im Musikbusiness ernster genommen werden. Dass sie für sich einstehen, notwendige Grenzen ziehen. Dass sie auf Missstände hinweisen und den Medien nicht mehr alles erlauben. Frauen wie Taylor achten sehr darauf, sich nicht gegen ihre Peers aufhetzen zu lassen. Sie reichen sich die Hände, unterstützen und motivieren einander.

Das kommt letztlich auch bei den Fans an. Nichts berührt mich mehr, als im Kino, auf Partys oder in den Konzerthallen die Swiftie-Liebe zu spüren. Wo Konkurrenz gegen Koexistenz, Kritik gegen Lob getauscht wird. Wie sie Freundschaftsbänder tauschen, aufeinander aufpassen und miteinander feiern. Sich selbst. Und ihre Heldin: Taylor Swift.

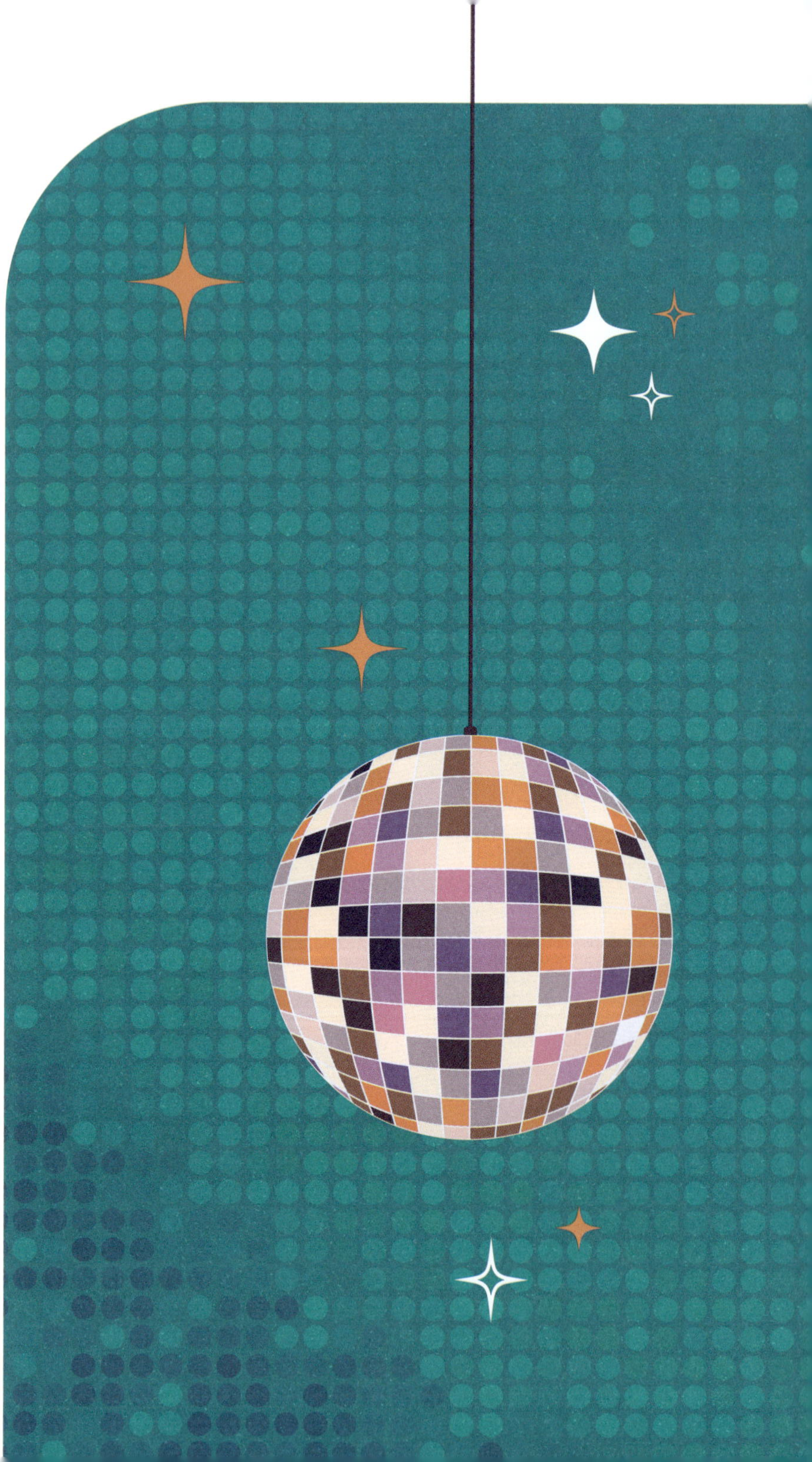

EINFÜH-
RUNG

In den letzten Jahren ist Taylor Swift zweifelsohne zu einem Synonym für die moderne Popkultur geworden. Swifties und Nicht-Swifties weltweit bewundern die Sängerin nicht nur für ihr musikalisches Talent, sondern auch für ihr Durchhaltevermögen, ihre Großzügigkeit, ihre Güte und ihre unendliche Liebe zu ihren Fans. 14 Grammys, 39 Billboard Music Awards, 23 MTV Video Music Awards, 40 American Music Awards, 1 Emmy-Award und mehr als 300 Millionen verkaufte Tonträger weltweit machen sie zu einer der erfolgreichsten Künstlerinnen aller Zeiten.

Was so einfach und mühelos klingt, hat Taylor in den letzten Jahrzehnten einiges abverlangt. Berufliche Rückschläge, familiäre Schicksale, persönliche Enttäuschungen und künstlerische Herausforderungen sind nur einige der Challenges, denen sie sich in den vergangenen 20 Jahren gestellt hat. Immer wieder musste sie sich – insbesondere als weibliche Musikerin in der Popwelt – beweisen, immer ein bisschen härter an sich arbeiten, immer neue Facetten an sich entdecken.

Aus einer perfektionistischen jungen Country-Sängerin ist in dieser Zeit ein globaler Superstar geworden, der nicht davor zurückschreckt, sich entschlossen für die eigenen und die Rechte anderer einzusetzen.

Doch wie kommt es, dass ein globaler Superstar wie Taylor ihren Fans noch immer so nah ist? Und wie ist sie überhaupt an die Spitze des Pop-Olymp geklettert? In diesem inoffiziellen Fanbuch wollen wir dem Phänomen Taylor Swift auf den Grund gehen.

Mit vielen inspirierenden Zitaten von Taylor und affirmativen Leitsätzen wollen wir uns von ihrem *Way to live* inspirieren lassen. Wie gewinnt man Selbstvertrauen? Wie lassen sich selbst die kühnsten Träume verwirklichen? Und was sollen wir tun, wenn es das Leben einmal nicht so gut mit uns meint? Begib dich mit uns auf eine bunt schimmernde Reise durch Taylors Vergangenheit und erfahre, welche Juwelen der Erkenntnis ihre Lebensweisheiten für dich bereithalten. Also, schnapp dir einen kuscheligen Cardigan und einen leckeren Swiftea – es geht los!

»Wir Menschen sind von Natur aus nicht zu vereinfachen. Wir sind nie nur gut oder schlecht. Wir sind ein Mosaik aus unserem schlechtesten und unserem besten Ich.«

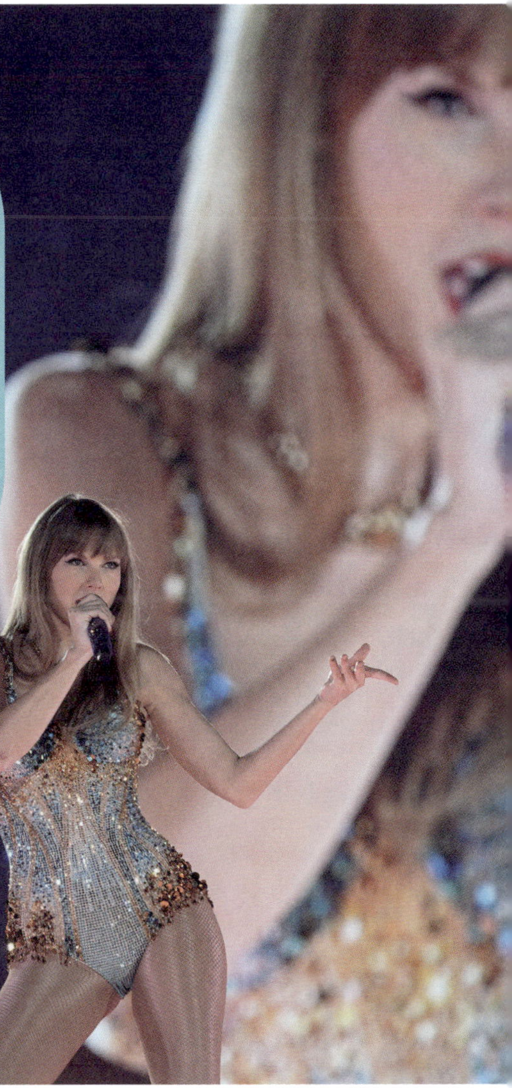

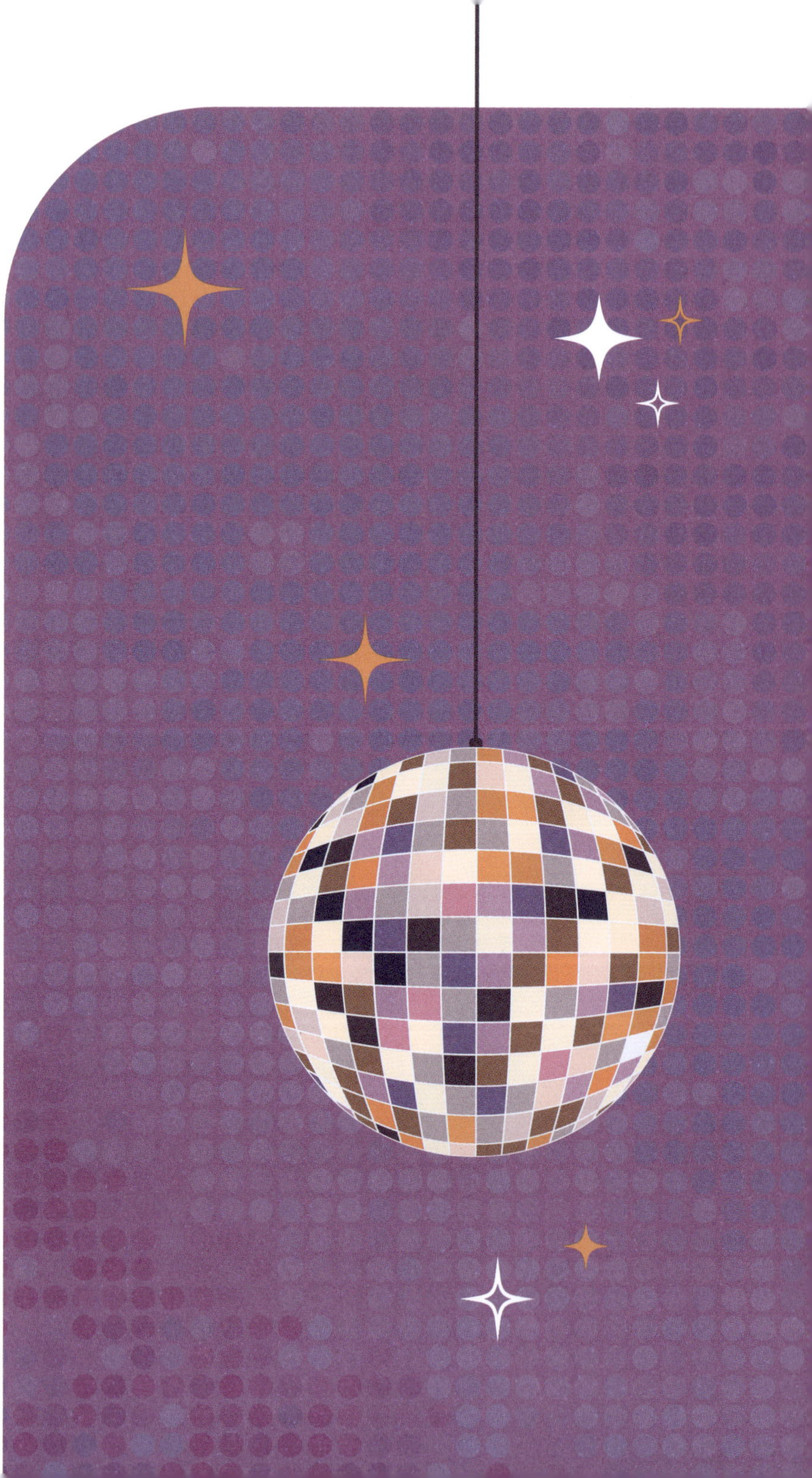

TAYLOR, DER MENSCH

Taylors Biografie

Eine so vielschichtige Erfolgsgeschichte wie die von Taylor Swift lässt sich nicht auf ein paar Seiten zusammenfassen. Deshalb wollen wir uns in diesem Kapitel vor allem einen Überblick über die wichtigsten Stationen ihres Lebens verschaffen – und in den darauffolgenden Kapiteln tiefer in einzelne Lebensphasen einsteigen.

Am 13. Dezember 1989 kommt Taylor Alison Swift in Reading (Pennsylvania) zur Welt. Ihre Eltern Andrea und Scott geben ihr den androgynen Namen Taylor, für die bestmögliche Aussicht auf spätere berufliche Erfolge.

Gemeinsam mit ihrem jüngeren Bruder Austin wächst Taylor im beschaulichen Wyomissing auf, und zwar auf einer Weihnachtsbaumfarm, die ihr Vater einem Klienten abgekauft hat. Zwischen Pferden und Weinlauben verbringt sie eine Kindheit, die sie selbst als »magisch« beschreibt. Sie liebt es, zu reiten und Disneyfilme zu schauen. Besonders begeistert sie sich dabei für die Songs ihrer Lieblingsfiguren. Als die kleine Taylor mit sechs Jahren das erste Mal Country hört, ist es um sie geschehen. Sie will von da an keine andere Musik mehr hören und beginnt, selbst zu singen.

Inspirieren lässt sie sich dabei auch von ihrer Oma Marjorie, die als Opernsängerin Erfolge gefeiert hatte. Im Alter von gerade einmal elf Jahren singt Taylor erstmals die Nationalhymne bei einem Spiel der Basketballmannschaft Philadelphia 76ers. Zur selben Zeit nimmt sie erste Demos auf und versucht, sich in Nashville einen Namen zu machen.

Ohne es zu ahnen, unternimmt Taylor einen wichtigen Schritt für ihre spätere Karriere, als sie kurz darauf lernt, Gitarre zu spielen. Dass diese Gitarre nicht sechs, sondern gleich zwölf Saiten hat, entmutigt sie nicht. Sie beginnt, eigene Lieder zu verfassen, in denen sie ihre persönlichen Erfahrungen verarbeitet. Die harte Arbeit zahlt sich aus: Mit 14 wird sie die jüngste Person, die je einen Songwriter-Vertrag bei Sony unterschreiben durfte.

Sie zieht mit ihrer Familie nach Nashville, um an ihrer Karriere zu arbeiten. Dabei trifft sie professionelle Songwriter wie Liz Rose, mit denen sie ihre Fähigkeiten perfektioniert. Das funktioniert: Kurz darauf unterzeichnet sie

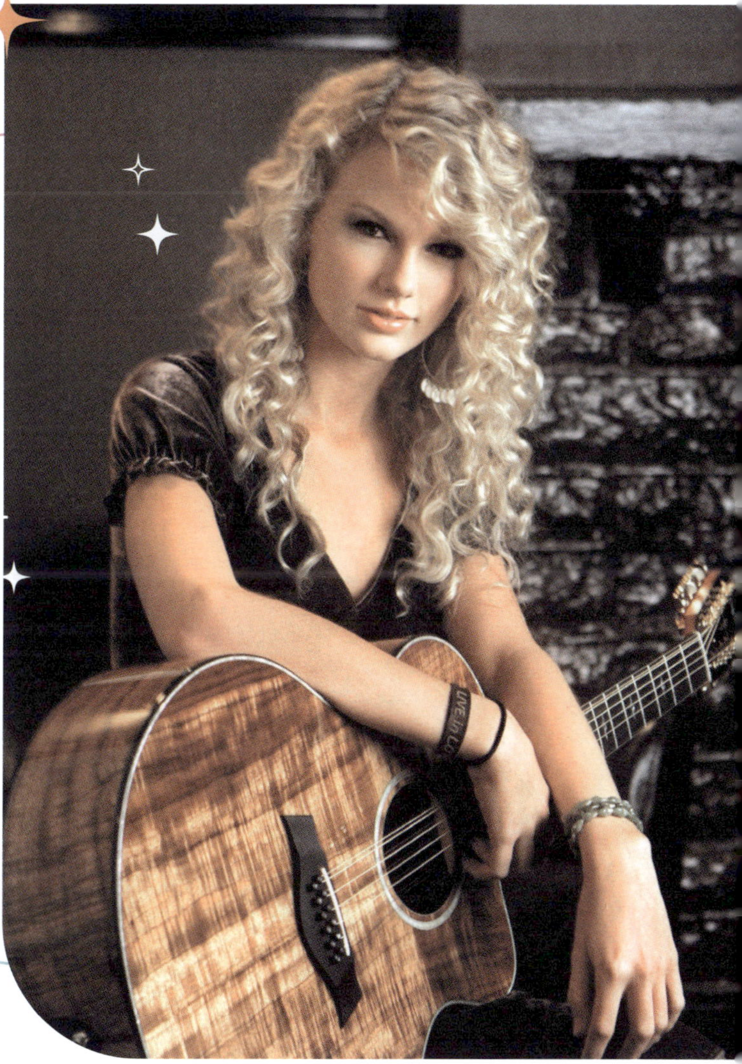

ihren ersten Plattenvertrag als Künstlerin bei Scott Borchettas neuem Label Big Machine Records.

Ihren ersten Hit »Tim McGraw« komponiert sie im Matheunterricht; später erreicht er den stolzen sechsten Platz der Country-Charts. Bereits Ende 2007 erhält Taylor Swifts Debütalbum Platinstatus. Bis August 2023 steht *Taylor Swift* insgesamt 280 Wochen in den Charts. Ihre Fans lieben die Sängerin für ihre nahbaren Texte und den Country-Sound, der bisher eher erwachsene-ren Künstlern und deren gleichaltriger Zielgruppe vorbehalten war.

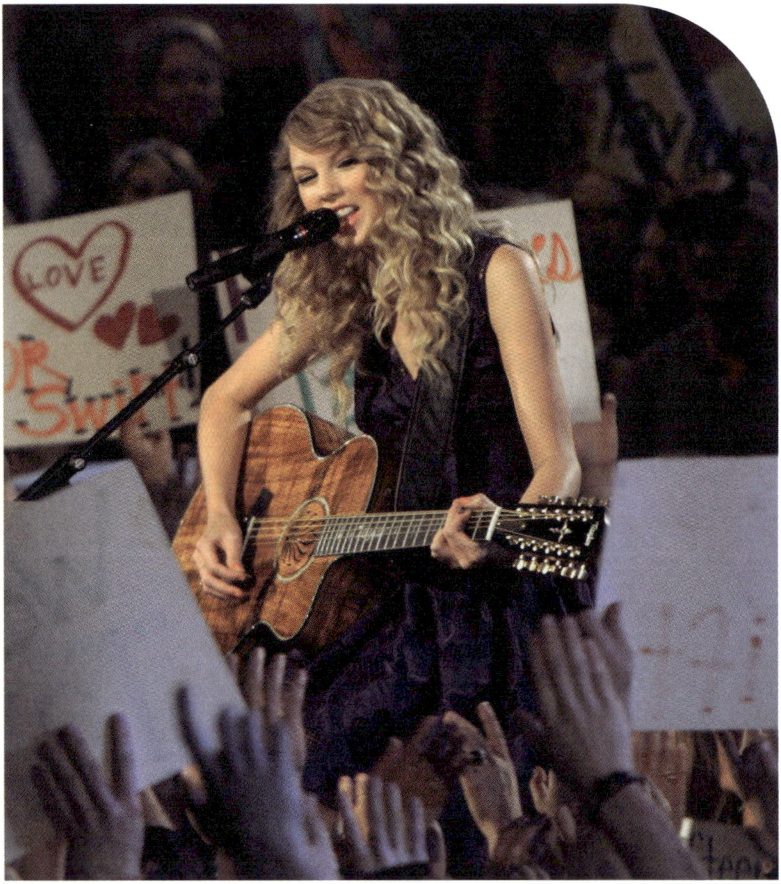

Die zweite Platte *Fearless* bringt den endgültigen Durchbruch und wird zum meistprämierten Country-Album aller Zeiten. Taylor gewinnt auch den Grammy für das »Album des Jahres«, wodurch sie die jüngste Musikerin mit dieser Auszeichnung ist. Werke wie *Speak Now* und *Red* sorgen in den kommenden Jahren dafür, dass ihre Fan-Base immer weiter wächst und sie einen Preis nach dem anderen einheimsen kann. Als im Jahr 2014 dann *1989* erscheint, ist die Metamorphose von der Country- zur Popkünstlerin endgültig abgeschlossen.

Nach beinahe einem Jahrzehnt im Musikbusiness hat Taylor schon vieles gesehen. Dennoch setzt ihr die wachsende öffentliche Kritik an ihrem Privatleben derart zu, dass sie für eine Weile komplett von der Bildfläche verschwindet. War sie zuvor auf allen Magazincovern dieser Welt zu sehen, ist sie plötzlich wie vom Erdboden verschluckt.

Erst ein Jahr später meldet sie sich mit ihrem Album *reputation* zurück. Das Comeback schlägt ein wie der Blitz: Allein in der ersten Woche verkauft sich *reputation* in den USA mehr als 1,2 Millionen Mal, während die dazugehörige Tour zur damals umsatzstärksten der US-Geschichte wird.

2019 erscheint mit *Lover* das erste Taylor-Swift-Album, das ihr tatsächlich rechtlich gehört. Ihre vorherigen Alben, die sie mit Big Machine herausgebracht hatte, waren ohne ihr Einverständnis verkauft worden, und zwar ausgerechnet an den Musikmanager Scooter Braun, der sie zuvor jahrelang gemobbt hatte.

Sie beschließt, ihr Schicksal selbst in die Hand zu nehmen, und nimmt ihre alten Alben in der »Taylor's Version« neu auf. 2021 werden *Fearless* und *Red* neu veröffentlicht, 2023 *Speak Now*. Die »Taylor's Versions« sind vollgepackt mit Insights in die Gedankenwelt der Musikerin und brandneuen Titeln »From The Vault«. Mit der The Eras Tour erschafft sie einen Ort, an dem all diese vergangenen Zeiten und die damit verbundenen Erinnerungen gebührend gefeiert werden. 151 Shows, 5 Kontinente – und eine ganze Heerschar an begeisterten Swifties, die ihre Taylor auf dieser Reise begleiten.

10 Fakten über Taylor Swift

1. Taylor trägt fast immer kurze Fingernägel – und lackiert sie selbst

Wie die meisten Personen der Öffentlichkeit legt auch Taylor Wert auf gepflegte, manikürte Fingernägel. Von Marineblau über Gold bis hin zu kunterbunt: Farblich ist bei der Sängerin alles möglich. Doch während viele ihrer Kolleginnen auf lange (künstliche) Nägel schwören, bleiben Taylors Nägel meistens kurz. Der Grund? Die Liebe zur Musik! Mit langen Fingernägeln ist es deutlich schwieriger, Instrumente wie Gitarre oder Banjo zu spielen. Außerdem lackiert sie sich die Nägel am liebsten selbst, wie sie in der Dokumentation *Miss Americana* zu Protokoll gibt.

2. Taylor gibt ihren Katzen Spitznamen

Dass Taylor insgesamt drei Katzen hat, ist kein Geheimnis (mehr dazu im Kapitel über ihre Familie). Meredith Grey, Olivia Benson und Benjamin Button sind selbst kleine Superstars – sie tauchen zum Beispiel auf Magazin-Covern oder in Musikvideos ihrer berühmten Besitzerin auf. Sie und ihre Miezen sind unzertrennlich. Um ihrer Liebe noch mehr Ausdruck zu verleihen, gibt Taylor ihren Fellnasen Spitznamen: Dibbles, MerBear, Baby Wolverine und Magical Pegasus sind nur einige davon.

3. Sie ist Patentante

2015 gibt Schauspielerin Jaime King bekannt, dass ihre Freundin Taylor Swift die Patentante ihres zweiten Sohnes Leo wird. Sie beschreibt Taylor als liebevoll, großzügig, mutig und authentisch und sieht sie daher als ideale Wahl für dieses wichtige Amt. Auf Instagram geben Mama und Patentante immer wieder kleine Einblicke in die besondere Verbindung, die Taylor mit ihrem Patenkind teilt.

4. Ihr Deckname ist Nils Sjöberg

Als Calvin Harris und Rihanna »This Is What You Came For« veröffentlichen, wird das Lied zum Mega-Hit des Jahres 2016. Doch ein Blick in die Credits macht stutzig – wer ist dieser Nils Sjöberg, der an dem Titel mitgeschrieben hat? Dahinter verbirgt sich niemand Geringeres als Taylor Swift! Damals sind Calvin und Taylor in einer Beziehung. Um zu vermeiden, dass ihre Partnerschaft den Song in puncto Aufmerksamkeit überschattet, beschließt die Sängerin kurzerhand, unter falschem Namen zu agieren.

5. Ihre Glückszahl ist die 13

Schon früh in ihrer Karriere beginnt Taylor damit, sich vor Auftritten ihre Glückszahl 13 auf die Hand zu malen. Aber wusstest du, dass auch die 26, 31, 39 und 89 zu ihren Glückszahlen gehören?

6. Erste Schauspielerfahrungen sammelt sie bei *CSI – Den Tätern auf der Spur*

Im Laufe der Jahre war Taylor schon häufiger auf der großen Leinwand zu sehen, zum Beispiel in *Valentinstag, Cats* oder *Amsterdam.* Doch ihre ersten schauspielerischen Erfahrungen macht sie bereits 2009 in der Fernsehserie *CSI: Vegas.* Hier darf sie in einer Nebenrolle die Teenagerin Haley spielen, die eine düstere Geschichte umgibt und die einen völlig anderen Style lebt: Schwarze Haare, Goth-Kleidung und ein Nasenring sind zwar definitiv ungewohnt an Taylor – aber sie kann's tragen!

7. Taylor liebt Opale

Diamonds Are a Girl's Best Friend? Nicht mit Taylor: Die Sängerin hat eine besondere Schwäche für Opalschmuck. Mit Mama Andrea geht sie nach der Schule oft zu TK Maxx, um sich dort die Schmucksteine anzusehen. Sie spenden ihr Trost in einer Zeit, in der sie sich ohne Freunde sehr einsam fühlt.

8. Sie taucht im Animationsfilm *Der Lorax* auf

Wer *Der Lorax* auf Englisch schaut, sollte bei einer Figur ganz genau hinhören, denn Taylor Swift leiht ihr ihre Stimme. Als der Film 2012 in die Kinos kommt, erzählt sie begeistert von ihrer Erfahrung als Synchronsprecherin. Sie beschreibt ihre Figur Audrey als abenteuerlustiges, mutiges junges Mädchen voller Fantasie und Kreativität – das dürfte ihrer Stimmgeberin gar nicht so unähnlich sein.

9. Taylor hat einen Doktortitel

Als Taylor 2016 scherzhaft sagt, sie sei neidisch auf Ed Sheeran, weil dieser einen Doktortitel hat, ahnt sie wohl nicht, dass ihr 2022 dieselbe Ehre zuteilwird. Die New York University (NYU) verleiht ihr in diesem Jahr die sogenannte Ehrendoktorwürde der Bildenden Künste – und das, obwohl sie nie studiert hat. Als »Anwältin für die Rechte von Künstlern« wird sie trotzdem in die Riege der Absolventen aufgenommen und hält eine emotionale Abschlussrede für ihre Kommilitonen.

10. Taylor hasst Horrorfilme

Wer mit Taylor Swift ins Kino gehen möchte, sollte besser keinen Horrorfilm wählen. Die Künstlerin kann gruselige Filme überhaupt nicht ausstehen. Die Abneigung geht sogar so weit, dass sie Werbespots für solche Streifen direkt abschalten oder zumindest stummschalten muss.

Trau dich, du selbst zu sein

Dass Musik ihre große Leidenschaft ist, erkennt Taylor schon früh. Bereits im Alter von zwölf Jahren beschäftigt sie sich jede freie Minute mit Musik, schreibt erste Songs, performt diese in Cafés und nimmt Demobänder auf. Nur zwei Jahre später geht sie sogar noch einen großen Schritt weiter: Eindringlich bittet sie ihre Eltern um einen Umzug. Vom beschaulichen Wyomissing in Pennsylvania soll es in die Nähe der Country-Zentrale Nashville (Tennessee) gehen. Rund 12 000 Kilometer müsste die Familie für ihren ambitionierten Sprössling zurücklegen, damit Taylor ihrem großen Traum vom Musikerleben ein kleines bisschen näher sein kann. Inspirieren lässt sie sich hierbei von ihrem Vorbild Faith Hill, die ebenfalls in Nashville entdeckt wurde.

Was zunächst völlig verrückt klingt, wird schon bald Wirklichkeit: Tatsächlich gelingt es der damals 14-Jährigen, ihre Eltern vom neuen Wohnort Hendersonville bei Nashville zu überzeugen. Es sind ihre selbstbewusste Hartnäckigkeit und ihre kompromisslose Liebe zur Musik, die Mama Andrea und Papa Scott letztlich erweichen. Die Entschlossenheit wird belohnt: Die Plattenfirma Sony/ATV nimmt sie als Songwriterin unter Vertrag.

Diese außergewöhnliche Begeisterung für die Musik fordert jedoch auch von Taylor ihren Tribut: Wenn die meisten Mädels in ihrem Alter Pyjamapartys veranstalten und über Jungs quatschen, bleibt sie oft allein. Den »coolen Girls« an der Schule in ihrer Heimatstadt ist der blonde Lockenschopf mit der Gitarre suspekt. Sie machen sich über ihre seltsame Vorliebe für Countrymusik lustig und wollen mit der Neuen nichts zu tun haben.

Anstatt ihren Klassenkameradinnen gefallen zu wollen, bleibt die junge Sängerin sich selbst treu. **Sie nutzt die negative Energie, die ihr entgegengebracht wird, und verwandelt sie mit ihrer Musik in Positivität:** »Wenn es mir nach der Schule nicht jeden Tag so miserabel gegangen wäre, hätte ich vielleicht nicht die Motivation gehabt, Songs zu verfassen. Ich sollte mich wahrscheinlich bei ihnen bedanken!«, erklärt Taylor viele Jahre später in einem Interview.

Rund ein Jahr nach Beginn ihrer Karriere trifft sie die Mädchen von damals wieder, als sie ein Konzert in ihrer Heimatstadt spielt. Sie tragen nun Taylor-

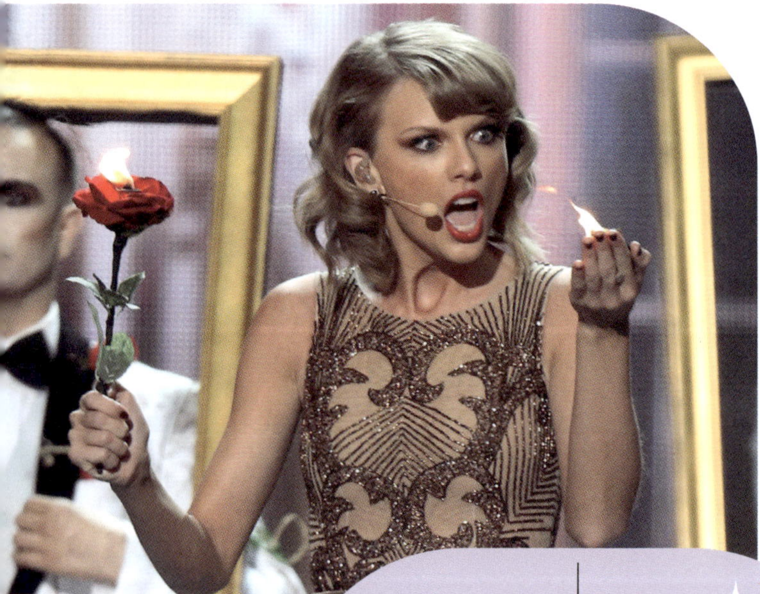

»Ich bin ein großer Verfechter davon, die eigene Begeisterungsfähigkeit nicht zu verstecken. Schäme dich nie dafür, es zu versuchen. Mühelosigkeit ist ein Mythos.«

> **»Ich möchte Mädchen dazu ermutigen, sich vom Negativem abzulenken. Entdeckt eure künstlerische Seite oder ein neues Hobby; verwendet darauf all eure Energie.«**

Swift-Shirts und bitten um ein Autogramm. Das nennt man dann wohl Ironie des Schicksals.

Große Karrierechancen – das ist es, was sich Taylor von dem Umzug nach Hendersonville in erster Linie erhofft. Dass sie hier aber auch ihre beste Freundin fürs Leben finden wird, ahnt sie vermutlich nicht. Doch das Schicksal meint es gut mit der damals 15-Jährigen: Gleich am ersten Schultag der neunten Klasse sitzen Taylor und Abigail Anderson im Englischunterricht nebeneinander – und sind von da an unzertrennlich. Der Rotschopf und die Blondine erkennen sich im Ehrgeiz der jeweils anderen wieder. Während Taylor als Sängerin durchstarten möchte, arbeitet Abigail zielstrebig an ihrer jungen Karriere als Profischwimmerin.

Zusammen scheren sich die beiden noch viel weniger um das, was ihre Klassenkameraden denken. Sich an einem gewöhnlichen Mittwoch in ein festliches Ballkleid werfen und ein funkelndes Diadem aufsetzen, nur um nebenan zusammen essen zu gehen? Warum nicht! Die spöttischen Rückfragen der Gleichaltrigen ignorieren die Freundinnen gekonnt. Sie haben einander. Und nichts anderes zählt. »Es hat Spaß gemacht, sich nicht zu sehr darum zu kümmern, was andere Leute in der Highschool von uns dachten.« Die Message ist deutlich: **Schäm dich nicht für das, was du bist. Sei authentisch und stehe zu deinen Wünschen, deiner Meinung und deinen Entscheidungen, auch wenn sie für andere unbequem oder nicht nachvollziehbar sind.**

Genau diese erfrischende Authentizität ist es, für die Taylor heute von ihren Swifties gefeiert wird. Ob alberne Tanzeinlagen in ihren Musikvideos, selbstironische Lyrics oder peinliche Anekdoten aus ihrem Leben: Immer wieder beweist uns die Sängerin eindringlich, dass auch sie nur ein Mensch ist. Nicht die überlebensgroße Hochglanzfigur, für die man sie im unantastbaren Popuniversum schnell halten kann. Eine Lektion, die sie 2012 auf nicht ganz ungefährlichem Wege lernen soll.

> **»Lerne, mit dem Cringe zu leben. Egal, wie sehr du versuchst, nicht cringy zu sein; du wirst auf dein Leben zurückblicken und dich im Nachhinein auch mal schämen.«**

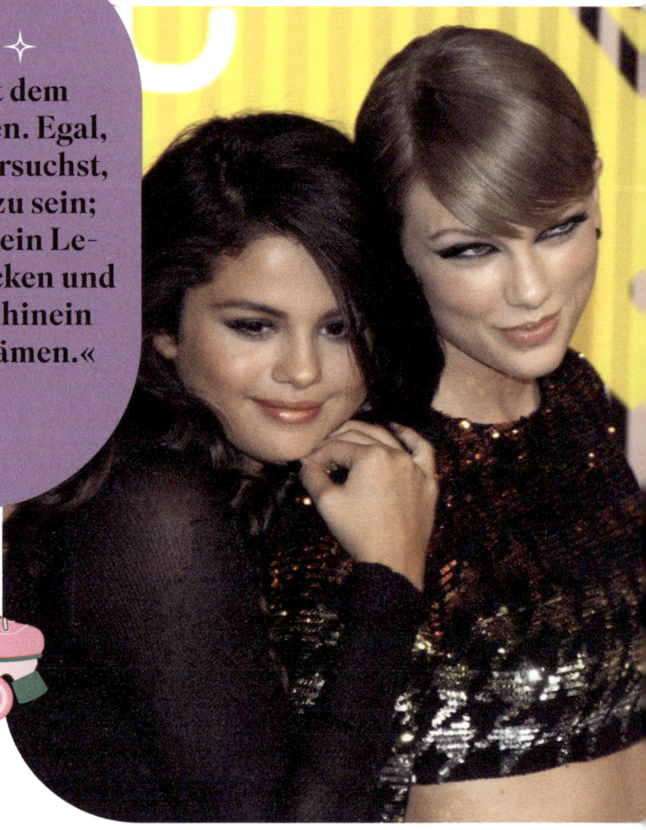

Es ist ein wichtiges Jahr für Taylor: Ihr mit Spannung erwartetes Album *Red* wird ein großer kommerzieller Erfolg; es hält sich, wie zuvor *Fearless* und *Speak Now*, ganze sechs Wochen am Stück auf dem ersten Platz der Billboard-100-Charts. Eine Leistung, die vorher nur den Beatles gelungen war. Sogar auf dem Cover des *Rolling Stone* soll sie zum Release der Platte abgedruckt werden. Für das dazugehörige Interview kündigt sich ein Journalist an, der einen ganzen Tag mit Taylor verbringen will.

Eine besondere Ehre, die wohl so manchen Künstler zu einem Höhenflug verleiten könnte. Doch nicht so Taylor: Ihr Ehrgeiz, sich von ihrer Schokoladenseite präsentieren zu wollen, macht sie extrem nervös. Akribisch putzt sie jede Ecke ihres Apartments, reserviert einen Tisch in einem schicken Restaurant und stellt sicher, dass alles makellos ist.

Doch der Versuch, sich selbst ins beste Licht zu rücken, geht mehr als schief: Als sie den Journalisten mit ihren Fahrkünsten beeindrucken will, baut Taylor gleich zwei Autounfälle an einem Tag. Zugegeben, der erste Unfall ist nicht wirklich der Rede wert (sie stößt beim Wenden leicht gegen den Wagen ihres Bassisten Amos Heller) und der zweite nicht mal ihre Schuld, aber die Künstlerin ist am Boden zerstört: »Das ist sicher schon jetzt das schlimmste Interview, das er je geführt hat. Jetzt schon!«, zitiert der Journalist sie im Artikel. Wenig später kann sie über den Vorfall lachen. Und auch ihr ist klar: **Es lohnt sich nicht, sich verstellen zu wollen.**

»Wenn du für die Anerkennung von Fremden lebst und das deine einzige Quelle für Freude ist, kann eine einzelne schlechte Erfahrung alles zum Einstürzen bringen.«

Authentizität bedeutet also auch, emotional ehrlich zu sich selbst zu sein. Nicht nur die starken, lauten und selbstsicheren Momente zu feiern, sondern auch die leisen, vermeintlich schwachen zu akzeptieren, ohne für andere ein falsches Lächeln aufzusetzen. Für die Perfektionistin Taylor war das in ihren jungen Jahren gar nicht so einfach. Denn klar, wer im Rampenlicht steht, wird von der ganzen Welt kritisch beäugt: Alles, was sie tut, wird hinterfragt, kritisiert oder gar verurteilt. Schwierig, wenn man versucht, alles richtig zu machen. An manchen Tagen fällt es der Sängerin leicht, diesen Umstand zu ignorieren, doch an anderen Tagen setzt es ihr sehr zu.

Umso wichtiger ist es ihr, ihren Fans Selbstakzeptanz zu vermitteln: »Ich versuche meine Fans zu ermutigen, dass sie sich nicht jeden Tag selbstbewusst fühlen müssen. Dass sie sich nicht jeden Tag glücklich, schön oder begehrt fühlen müssen. Dass sie sich nicht zusätzlich unter Druck setzen sollen, glücklich zu sein, wenn sie es einfach nicht sind. **Ich denke, es ist wirklich wichtig, emotional ehrlich zu sich selbst zu sein«**, so beschreibt Taylor es 2014 in einem Interview zu ihrem damals brandneuen Album *1989*. Ein Werk, auf dem sie sich ebenfalls emotional selbst begegnet, ihr eigenes Handeln infrage stellt und emotional komplexe Situationen Revue passieren lässt.

»Jede durchgemachte Krise hast du mit den zu dem Zeitpunkt verfügbaren Mitteln bewältigt. Feiere, wer du heute bist, deine Entwicklung und die Vergangenheit.«

Sei zielstrebig, jedoch sanft zu dir selbst

Taylor ist von klein auf außergewöhnlich ehrgeizig. Schon mit zarten elf Jahren reist sie in den Schulferien nach Nashville, um alle dort ansässigen Plattenfirmen abzuklappern. Völlig selbstverständlich stolziert der Dreikäsehoch an die jeweilige Rezeption, packt die selbst gemachte Demo-CD mit eingesungenen Karaoke-Songs aus und überreicht sie der Empfangsdame: »Hey, ich hätte gerne einen Plattenvertrag. Ruft mich an!« Über diese unbekümmert kindliche Herangehensweise kann man lachen. Man kann sie aber auch als das sehen, was sie eigentlich ist: **entschlossen** und **unbeirrt**.

Woher diese Beharrlichkeit stammt? Von ihren Eltern, sagt Taylor. Denn die haben ihr beigebracht, dass die Welt ihr rein gar nichts schuldig ist und dass man für seinen Erfolg hart arbeiten muss. So lässt sie sich auch nicht entmutigen, als ihre ersten Ambitionen, einen Plattenvertrag zu ergattern, scheitern. Stattdessen spornt diese Erfahrung sie nur dazu an, härter an sich zu arbeiten und das Gitarrenspiel zu erlernen. Ihre vorherigen Versuche an diesem Instrument hatten sie nur mäßig begeistert; doch als sie zum ersten Mal eine zwölfsaitige Gitarre entdeckt, ist ihr Ehrgeiz geweckt. Die Bedenken ihrer Familie, dass dieses Instrument für den Anfang viel zu kompliziert und ihre Finger zu klein seien, stacheln die junge Musikerin nur weiter an.

Unermüdlich übt Taylor auf der zwölfsaitigen Gitarre – vier Stunden am Tag, am Wochenende sogar sechs. So lange, bis sie schmerzhaft blutende Schwielen an den Händen hat. Doch auch das hält sie nicht ab. Sie perfektioniert ihre Fähigkeiten, und als sie irgendwann, Jahre später, wieder eine sechssaitige Gitarre in den Händen hält, ist sie regelrecht erstaunt darüber, wie leicht ihr das Spielen darauf nun fällt.

> **»Immer, wenn mir jemand sagt, dass ich etwas nicht tun kann, will ich es umso mehr tun.«**

In der Zwischenzeit beginnt sie, Lieder zu schreiben. Ein logischer Schritt, da sie dem geschriebenen Wort schon immer zugewandt ist. Neben Kurzgeschichten verfasst sie auch Gedichte. Mit einem davon gewinnt sie in der vierten Klasse sogar einen landesweiten Wettbewerb.

Einer ihrer ersten Songs heißt »The Outside« und findet 2006 auf ihrem Debütalbum Platz. Außergewöhnlich wortgewandt und poetisch beschreibt die Zwölfjährige in dem Stück, wie es sich anfühlt, ein kompletter Außenseiter zu sein. »Ich war sehr anders als alle anderen Kinder und wusste nie so richtig, warum. Ich war größer und sang Countrymusik in Karaoke-Bars, während andere Mädchen Übernachtungspartys feierten«, erklärt sie in einem Interview. In ihrem Tagebuch hält sie damals fest: Mach einfach weiter mit dem Songschreiben. Eines Tages wird sich die Lage bessern. **Du musst einfach nur weiterarbeiten.**

Ihre Zielstrebigkeit mag sie zwar vorerst zum Außenseiter gemacht haben, doch sie sorgt auch dafür, dass Taylor mit nur 14 Jahren zur jüngsten Songwriterin wird, die jemals von Sony/ATV unter Vertrag genommen wurde.

Heute ist Taylor Swift in der Popwelt ein Sinnbild für ebendas: harte Arbeit und die Tatsache, dass sich diese auch auszahlt. Viele Kollegen, mit denen die Künstlerin zusammengearbeitet hat, loben in Interviews ihre beeindruckende Entschlossenheit. Als die Plattenfirma RCA ihr zum Beispiel mit 13 Jahren einen Entwicklungsvertrag anbietet und den Wunsch äußert, Taylor solle die Titel anderer Songwriter aufnehmen, entscheidet sie sich gegen den Deal. Sie schreckt also schon als Teenie nicht davor zurück, erfahrenen

Musikproduzenten die Stirn zu bieten und deren Angebote abzulehnen, wenn sie nicht davon überzeugt ist.

»Ich weiß, ich klinge wie eine absolute Optimistin, aber das bin ich nicht. Ich kenne den Druck, wenn man sein Leben durch die Brille des Perfektionismus lebt.«

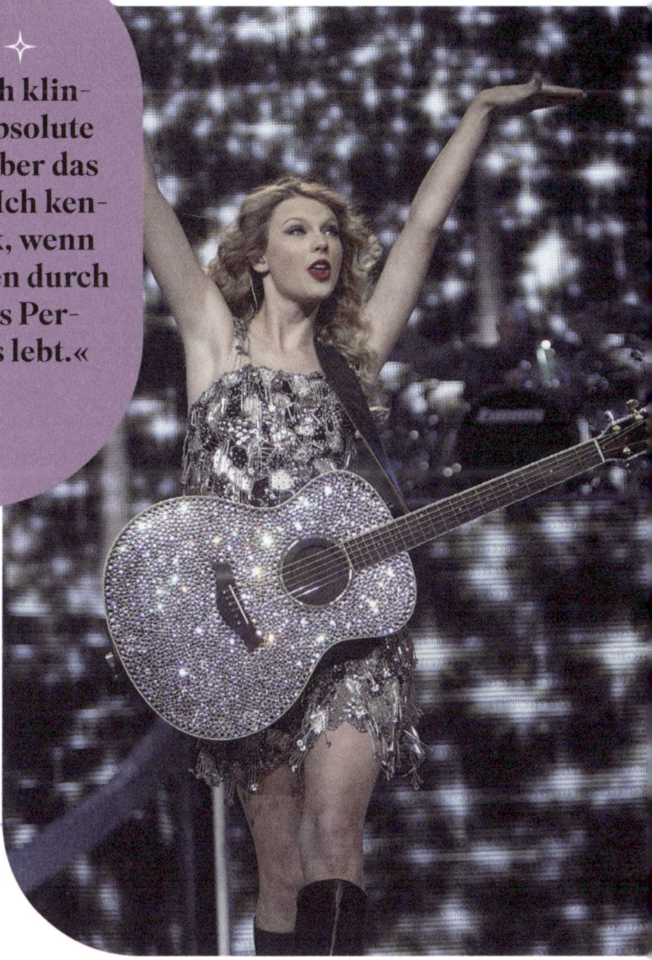

Auch der renommierte Produzent Ryan Tedder zeigt sich in einem Interview mit dem *Time Magazine* begeistert von Taylors festem Willen: »Die erfolgreichsten Künstler, mit denen ich gearbeitet habe, sind diejenigen, die mir zwei- oder dreimal hintereinander ins Gesicht gesagt haben: ›Nein, du liegst falsch.‹ Und das hat sie getan.«

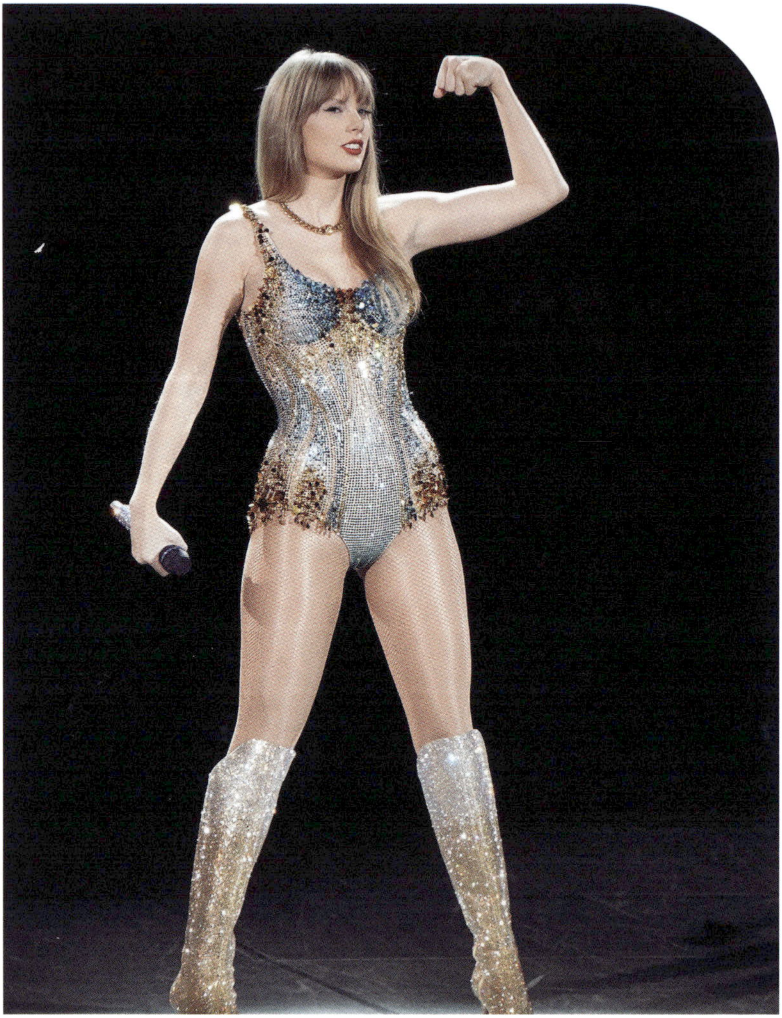

Neben der hohen Arbeitsmoral gibt es noch etwas, das Mama Andrea ihrer Tochter mit auf den Weg geben möchte: Sanftmut im Umgang mit eigenen Fehltritten. Bereits als junges Mädchen neigt Taylor dazu, viel zu hart mit sich ins Gericht zu gehen. Wenn sie einen Fehler macht, kann sie sich das nicht verzeihen und schließt sich in ihr Zimmer ein. Erst Jahrzehnte später wird ihr klar, **wie wichtig es ist, nachsichtig mit sich zu sein.**

Da Andrea diesen Perfektionismus von ihrer Tochter kennt, macht sie niemals Anstalten, sie zu einer Musikkarriere zu drängen. Auch beim Umzug in die Nähe von Nashville ergreift Mama Swift einige Sicherheitsvorkehrungen: Sie achtet zum Beispiel darauf, nicht direkt nach Nashville, sondern ins nahe gelegene Hendersonville zu ziehen. So muss Taylor nicht mit den privilegierten Kindern von Musikproduzenten und Plattenbossen die Schulbank drücken und der Erfolgsdruck bleibt möglichst niedrig.

Generell erinnern ihre Eltern sie immer wieder daran, dass sie jederzeit zurück in ein normales Leben kann, wenn sie die angestrebte Musikkarriere zu sehr belastet. Doch natürlich denkt Taylor gar nicht daran aufzugeben. Also holt ihre Mutter sie Woche für Woche von der Schule ab und bringt sie in die Stadt, wo Taylor viele Stunden an ihren Liedern arbeitet. Wieder zu Hause angekommen, erledigt sie, wie jedes Mädchen in ihrem Alter, ihre Hausaufgaben. Jede freie Minute nutzt sie, um ihr Können dem Publikum zu präsentieren, sei es anfangs auch noch so klein. Bei einem dieser Auftritte trifft sie auf Scott Borchetta, der damals für die Universal-Labelgruppe arbeitet. Der ist begeistert von der Sängerin und möchte sie groß herausbringen.

Ein Vertrag mit einem der größten Musiklabels der Welt klingt natürlich großartig. Mit so viel Expertise und Power im Rücken scheint der Durchbruch ganz nah. Doch letztlich muss Taylor auch hier den schweren Weg nehmen: Als Borchetta sich einige Wochen später wieder bei ihr meldet, eröffnet er ihr nämlich, dass er Universal Records verlassen hat und eine eigene Plattenfirma gründen möchte. Hier soll sie als Künstlerin unterkommen.

Der Vorteil: Beim neuen Indie-Label Big Machine Records erhält das junge Talent die ungeteilte Aufmerksamkeit, da Taylor zu dem Zeitpunkt eine der ersten Musikerinnen der Firma ist. Der Nachteil: deutlich mehr harte Arbeit. Beim Release ihrer ersten Single gibt es weder ausreichend Möbel noch Mitarbeiter im Büro der Firma, sodass Andrea und Taylor die CDs selbst in die Briefumschläge stecken, um diese an die Radiosender zu schicken.

Die Balance zwischen Zielstrebigkeit und Milde zu halten fällt ihr bis heute schwer. Während sie sich auf der Bühne ihrer Live-Shows sehr wohlfühlt, plagen sie zum Beispiel bei Award-Shows viele Zweifel. Was denkt ihre Konkurrenz über sie? Wünschen sie sich, dass sie scheitert? Wieder und wieder zerbricht sie sich den Kopf über vermeintliche Fehler. Selbst im Schlaf lässt sie der Perfektionismus nicht los: Sie erwischt sich selbst dabei, wie sie im Traum nervös lächelt, damit die imaginären Paparazzi ein möglichst vernünftiges Foto von ihr schießen können.

Auch über die Makellosigkeit ihres Äußeren sorgt sich Taylor. In der Dokumentation *Miss Americana* spricht sie erstmals darüber: Sie erklärt, wie externe Kommentare über ihr Äußeres ihren Selbstwert immer stärker beeinflussten. Anmerkungen über ihre schmale Statur registrierte sie als Lob, während sich fiese Schlagzeilen über angebliche Schwangerschaften anfühlten wie eine Bestrafung. Das Resultat: Sie bestrafte sich selbst. Und hörte für einige Zeit auf zu essen.

Was ihr in solchen Momenten hilft? Das Wissen, dass das zeitweise geringe Selbstwertgefühl vor allem ihrem Perfektionismus geschuldet ist und nicht tatsächlichen Defiziten oder der Sorge, die ganze Welt könne sie hassen. Es dauert eine Weile, bis sie erkennt, dass keine Kleidergröße der Welt so viel wert ist wie ihre Gesundheit. Heute ist sie glücklich über ihre Stärke und ihre Fitness. Sorgen über Kleidergrößen macht sie sich nicht mehr.

Akzeptanz, Milde und Selbstliebe sind in Taylors dunkelsten Tagen elementar wichtig, um diese schwierige Zeit durchzustehen. Denn als der Rest der Welt ihr den Rücken kehrt, kommen die Selbstzweifel stärker denn je zurück. Doch dazu später mehr.

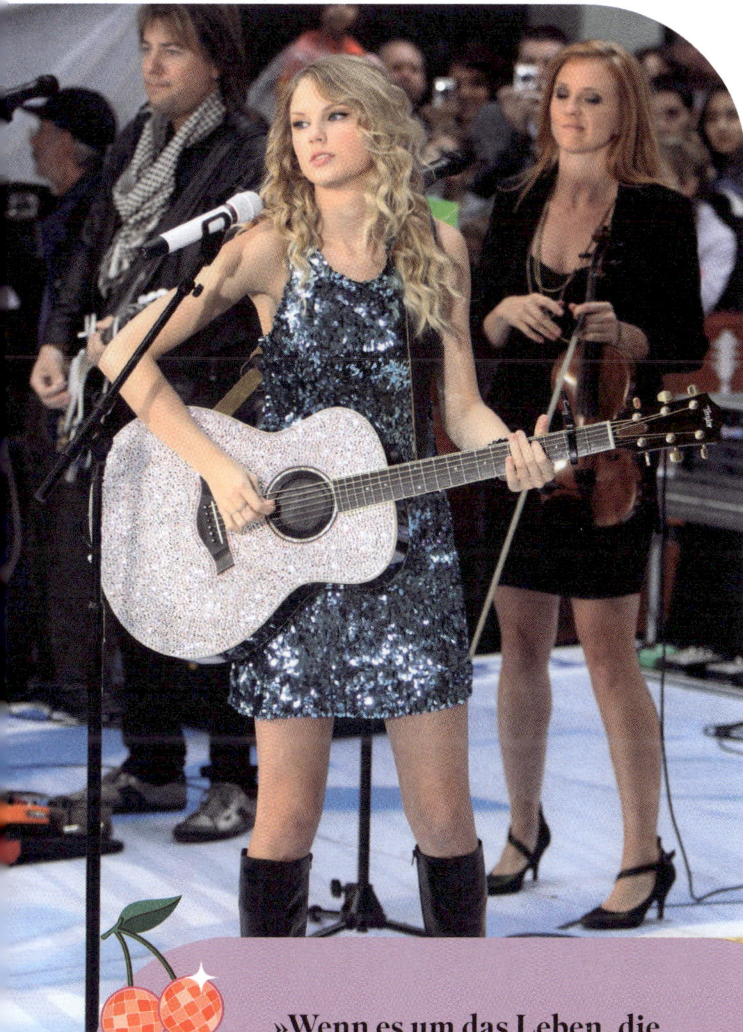

»Wenn es um das Leben, die Liebe, Freundschaft oder Karriere geht, ist übermäßiges Grübeln mein größter Widersacher.«

Feiere deine Erfolge, ohne abzuheben

Wer ehrgeizig an seinen Zielen arbeitet, wird irgendwann mit entsprechendem Erfolg belohnt. In der surreal anmutenden Welt der Stars und Sternchen passiert es dann nicht selten, dass diese den Bezug zur Realität verlieren, sich für die Allergrößten halten – und letztlich tief abstürzen. Ganz anders Taylor: Selbst als Milliardärin wirkt sie bodenständig und nahbar. Der größte Popstar der Welt ist noch immer völlig aus dem Häuschen, wenn sie einen Award gewinnt, sie zur »Person des Jahres« gewählt wird oder wenn Justin Timberlake anruft und sie bittet, einen Song mit ihr zu performen. Doch wie gelingt es ihr, einen gesunden Umgang mit dem Erfolg zu finden, ohne arrogant oder egoistisch zu werden? Auch hier spielt die Familie eine wichtige Rolle.

Wenn man Taylor Swift fragt, ob sie eher ihrem Vater oder ihrer Mutter ähnele, antwortet sie, dass sie wohl eine exakte Mischung aus beiden sei. Während ihre Mutter eher rational und diszipliniert veranlagt ist, beschreibt die Musikerin ihren Vater als Visionär: »Meine Mutter ist eher realistisch und mein Vater ein Tagträumer. Ich habe nie geglaubt, dass das alles möglich sein würde. Aber mein Vater hat das immer getan«, beschreibt sie ihre Familienkonstellation in einem Interview. Ein Vater, der ihr das **Träumen erlaubt**, und eine Mutter, die sie notfalls auf den **Boden der Tatsachen** zurückholt – nicht die schlechteste Kombination, wenn es darum geht, sich eine Karriere aufzubauen.

Wichtig ist es also, **im Moment zu leben** und **dankbar** zu bleiben für die Errungenschaften, die der Erfolg mit sich bringt, anstatt diese irgendwann für selbstverständlich zu erachten.

»Meine Eltern haben mir beigebracht, niemals anmaßend zu sein, wenn es um Erfolg oder ums Gewinnen ging. Für alles, was man bekommt, muss man arbeiten.«

Im Gegensatz zu vielen anderen Popstars, deren Erfolg oft buchstäblich über Nacht kam, entwickelt sich Taylors Karriere über viele Jahre hinweg. Ein Umstand, der zwar mit deutlich mehr harter Arbeit einhergeht, in den Augen der Sängerin jedoch auch etwas Gutes bereithält: Sie kann kontinuierlich mit ihrem Erfolg wachsen, Veränderungen akzeptieren und sich selbst immer wieder reflektieren.

Taylor wäre nicht Taylor, würde sie sich auch dieser Aufgabe nicht gewissenhaft annehmen. Streng genommen startet sie damit nämlich schon in ihrer Kindheit: Damals ist die Künstlerin großer Fan der Serie *Behind The Music*, die auf *VH1* ausgestrahlt wird. In der TV-Dokumentation werden Folge für Folge die Werdegänge und Hintergründe bekannter Musiker oder Bands beleuchtet. Es geht um phänomenale Aufstiege und um katastrophale Niedergänge.

Die junge Frau ist ganz besessen von dem Format: Immer wieder studiert sie einzelne Episoden und analysiert sie bis ins kleinste Detail. Wann ging es für die Band bergab? Welchen Fehltritt beging dieser Künstler, sodass für ihn alles schiefging? Sie kommt stets zum selben Ergebnis: Schuld ist ein **Mangel an Selbsterkenntnis**. Das sei immer der Grund für den Untergang gewesen. Der Grund für den Verlust von Relevanz, Ehrgeiz und großer Kunst.

Doch woher nimmt Taylor den Bezug zur Realität, wenn ihr eigenes Leben inmitten von Berühmtheit, Paparazzi und übermäßigem Luxus immer unwirklicher wird? Es sind vor allem die Begegnungen mit ihren Fans, ob nun online oder im echten Leben, die ihren Fokus zurechtrücken. Regelmäßig scrollt sie durch Social Media und nimmt Teil am Leben ihrer Fans: »Wenn ich auf Ins-

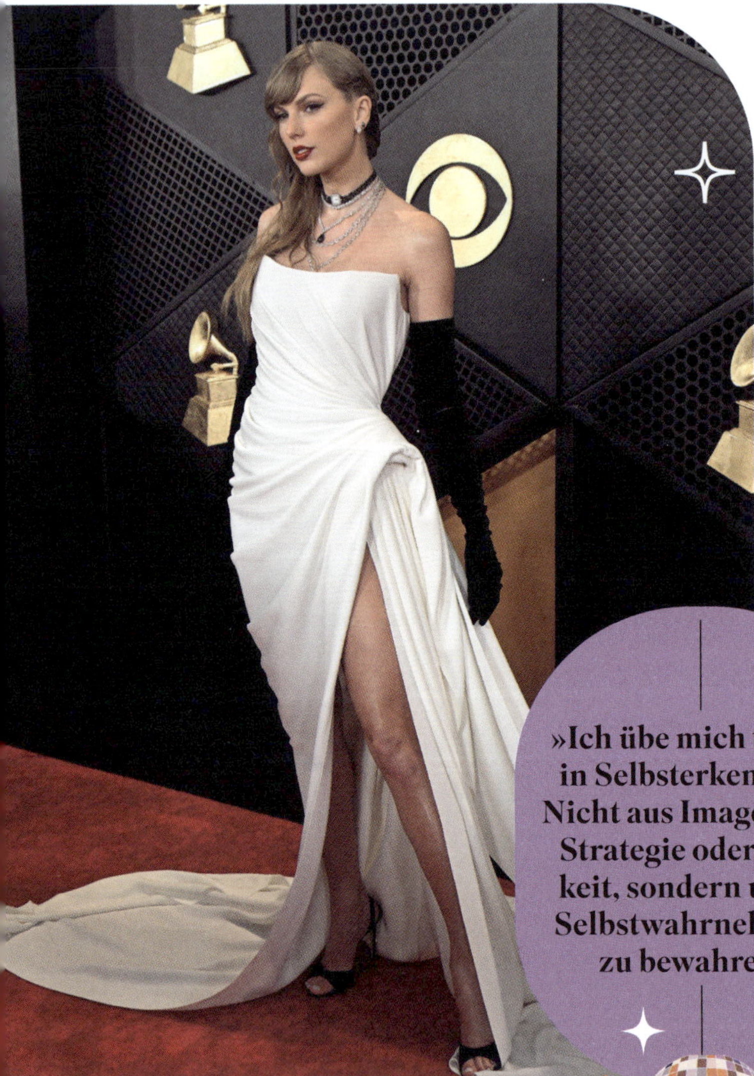

»Ich übe mich täglich in Selbsterkenntnis. Nicht aus Imagepflege, Strategie oder Eitelkeit, sondern um die Selbstwahrnehmung zu bewahren.«

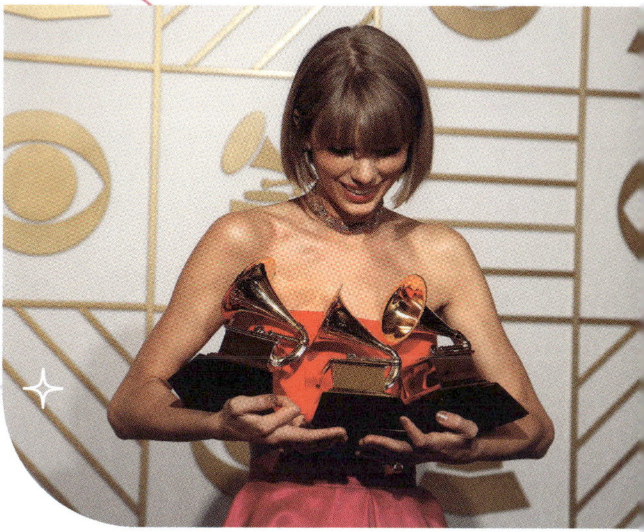

tagram einen Post von Emma aus Philadelphia sehe, die davon erzählt, wie ihr Tag in der Schule war, hilft mir das, mich von der Abnormalität meines eigenen Lebens nicht so überwältigt zu fühlen«, erklärt sie in einem Interview. Es ist also nicht nur Taylor, die das Leben ihrer Fans durch ihre zu Songs verarbeiteten Erfahrungen bereichert – diese Verbindung funktioniert durchaus auch umgekehrt.

Im zahlen- und erfolgsgetriebenen Showbiz, wo die Humanität schnell verloren gehen kann, legt sie weiterhin großen Wert auf **Menschlichkeit**. Dass sie den Blick für ihre Mitmenschen nicht verliert, zeigt sich auch im Umgang mit Kollegen immer wieder. So lobt Tim McGraw, Country-Veteran und Namenspate von Taylors erstem Hit, ihre Bodenständigkeit. Nach 17 Jahren im Rampenlicht wisse sie, wie sie ihre Arbeit bewerben müsse. Sie wisse aber auch immer noch, wie man ein normaler Mensch bleibe, der einfach sein Leben lebe. Das bestätigt Aaron Dessner. Sie lasse nie jemanden warten und sei tatsächlich eine geerdete und hart arbeitende Person.

Das weiß auch ihre Crew zu schätzen. Einige Bandmitglieder, wie Bassist Amos Heller oder Gitarrist Paul Sidoti, sind schon seit 2007 stolze Teile des

Teams und begleiten die Sängerin bis heute auf ihren Touren. Letzterer beschreibt seine Chefin im Laufe der Jahre immer wieder als warmherzig und großzügig.

Im Jahr 2010 findet Taylor einen ganz besonderen Weg, der Liebe für ihre Band Ausdruck zu verleihen: Auf dem Album *Speak Now* widmet sie ihr einen eigenen Song. So handelt »Long Live« von all den Hürden, die sie gemeinsam genommen, und den Erfolgen, die sie gemeinsam erreicht haben. Im Text macht sie deutlich, dass sie all das nie ohne die harte Arbeit ihres loyalen Teams geschafft hätte.

I said, »Remember this moment«	Innerlich sagte ich mir:
In the back of my mind	»Erinnere dich an diesen Moment«
The time we stood with our shaking hands	Als wir dastanden mit unseren zittrigen Händen
The crowds in stands went wild	Die Menge auf der Tribüne tobte
We were the kings and the queens	Wir waren die Könige und Königinnen
And they read off our names	Und sie lasen unsere Namen vor
The night you danced like you knew our lives	Die Nacht, in der du getanzt hast, als wüsstest du,
Would never be the same	dass unsere Leben nie mehr dieselben sein würden
You held your head like a hero	Dein Kopf sah aus wie der eines Helden
On a history book page	Auf einer Geschichtsbuchseite
It was the end of a decade	Es war das Ende eines Jahrzehnts
But the start of an age	Aber der Beginn eines Zeitalters

Sie weiß genau, dass ihr globaler Erfolg nicht allein auf ihr Talent zurückzuführen ist, sondern auch einem loyalen und engagierten Team zu verdanken ist. Diese Wertschätzung zeigt sich in den Songs, die sie schreibt, und sie schlägt auch auf dem Konto ihrer Mitarbeiter zu Buche: 2023 macht Taylor Schlagzeilen wegen ihrer großzügigen Bonuszahlungen, die im Rahmen ihrer The Eras Tour ausgeschüttet wurden. So erhielten alle Mitarbeiter, unter anderem LKW-Fahrer, Soundtechniker, Tänzer und viele andere, insgesamt Boni im Wert von über 55 Millionen US-Dollar.

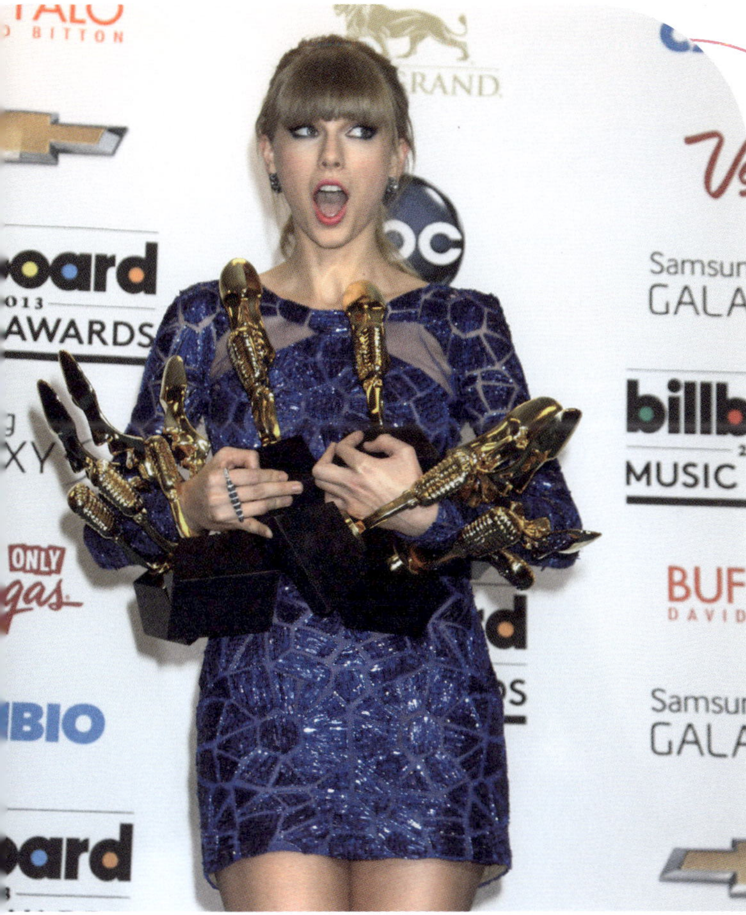

Wer jetzt denkt, dass Taylor erst als Milliardärin so großzügig geworden ist, der irrt: Schon zu Beginn ihrer Karriere ist ihr das finanzielle Wohlergehen ihrer Mitarbeiter wichtig. Für diese Geschichte müssen wir eine kleine Zeitreise unternehmen: Als die Sängerin 17 ist, erhält sie die bis dahin größte Chance ihrer Karriere – sie soll als Vorband für den Country-Musiker Kenny Chesney auftreten. Sie ist völlig aus dem Häuschen und freut sich wahnsinnig über diesen vermeintlichen Karriere-Boost.

Doch schon kurze Zeit später folgt die Ernüchterung: Als Hauptsponsor für die Tour entpuppt sich eine Brauerei. Eine Minderjährige auf der Bühne, die von einem Bierhersteller finanziert wird? Nicht im strengen Amerika. Taylor kommt als Support Act nicht mehr infrage. Für sie bricht eine Welt zusammen. Gerade, als sie sich mit dieser Enttäuschung abgefunden hat, soll sich das Blatt auf ihrer eigenen Geburtstagsparty wenden. Denn zu Gast ist ein Mitarbeiter Chesneys, der ihr ein ganz besonderes Geschenk macht: einen Scheck von Chesney. Als Wiedergutmachung für die geplatzte Tour. Über den genauen Betrag spricht sie nicht, doch so viel verrät sie: Es ist mehr Geld, als sie bis zu dem Zeitpunkt je gesehen hat. Es reicht, um Tourbusse zu bezahlen, ihre Träume zu verfolgen und ihrer Band einen Bonus auszuhändigen.

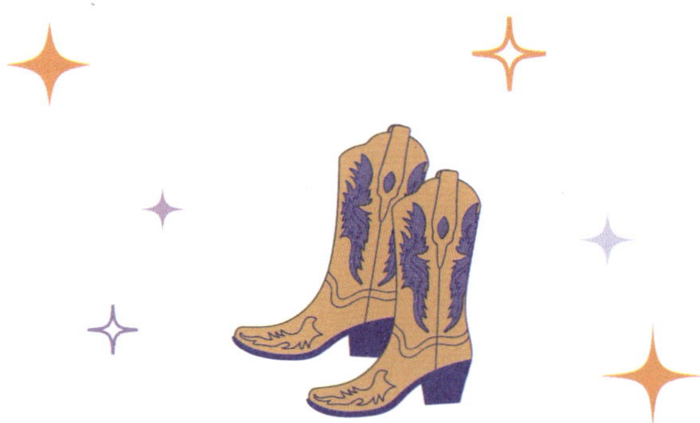

Habe keine Angst zu scheitern

Wenn man sich Taylors lange Liste an Erfolgen ansieht, könnte man meinen, dass nichts diese Frau stoppen kann. Dass sie weder Angst vor dem Scheitern noch vor sonst irgendetwas auf der Welt hat. Immerhin nannte sie ihr zweites Album sogar *Fearless*, also *Furchtlos*. Tatsächlich ist sie jedoch alles andere als furchtlos. Ihrer eigenen Aufzählung nach hat Taylor nämlich Angst vor Spinnen und Krankheiten, vor allem aber auch davor, dass die Öffentlichkeit irgendwann genug von ihr haben könnte. So ist sie bei ihrer Arbeit stets hin- und hergerissen zwischen der Euphorie, die das Songschreiben bringt, und der Sorge darüber, wie ihre neuen Stücke wohl beim Publikum ankommen werden.

»Worte können mich aufbauen und mir ein gutes Gefühl geben. Und sie können mich absolut vernichten. Ich bin alles andere als unantastbar, wenn es um Kritik geht«, erklärt sie in einem Interview. Die Angst vor dem Scheitern formt in der jungen Künstlerin einen enorm hohen Moralkodex, an dem sie sich ihr Leben lang orientiert. Ein gutes Mädchen zu sein beherrscht ihr gesamtes Glaubenssystem. Ihre oberste Priorität ist, stets das Richtige zu tun, in der Hoffnung, fehlerfrei und unbeschadet durchs Leben zu kommen. Klar, dass diese Vorstellung objektiv betrachtet völlig utopisch ist. Heute weiß sie: Niemand ist vor dem Scheitern gefeit.

Wie lautet also die Lösung für dieses Dilemma? Nicht den Kopf in den Sand zu stecken. Und hier löst sich auch der vermeintliche Widerspruch zum Titel ihres zweiten Albums auf: Es geht im Leben nicht darum, furchtlos zu sein. Es geht vielmehr darum, **sich seiner Ängste bewusst zu sein und es trotzdem zu versuchen**. So erklärt Taylor, sie habe den Begriff *fearless* gewählt und ihn auf alle Themen angewandt, die auf der Platte behandelt werden – von gebrochenen Herzen über zerplatzte Lebensträume bis hin zum unverbesserlichen Optimismus, den wir in manchen schwierigen Be-

»Ich glaube, furchtlos zu sein bedeutet manchmal, Furcht zu haben und trotzdem zu springen.«

ziehungen für unsere Partner aufbringen. Denn all diese Situationen, so schmerzhaft sie auch sein mögen, beinhalten einen Aspekt der Furchtlosigkeit, wenn man ihnen aus dem richtigen Blickwinkel heraus begegnet.

2022 erzählt Taylor in ihrer Abschlussrede vor Studenten der New York University von ihrer persönlichen Entwicklung im Umgang mit Fehlern. Sie erklärt, wie es sich für sie als junge Künstlerin angefühlt habe, ständig den zahllosen Erwartungen der Welt gerecht werden zu wollen. Irgendwann habe es sich so angefühlt, als seien ihre Fehler gleichzusetzen mit absolutem Versagen, als sei jede Chance auf ein glückliches Leben vertan, wenn man einen Fehltritt begangen habe.

Dieser Eindruck habe sich in ihrem Leben jedoch überhaupt nicht bestätigt. Im Gegenteil: Einige Fehler hätten sich zu den besten Dingen in ihrem Leben entwickelt. **Es gehöre zum Menschsein dazu, sich für seine Fehler zu schämen.** Und es sei ein Geschenk, sich wieder aufzurappeln und zu sehen, wer einem danach noch immer zur Seite stehe.

»Deine Fehler werden dazu führen, dass du manches verlierst. Doch oft gewinnen wir auch etwas, wenn wir etwas anderes verlieren.«

Als Perfektionistin, die Erfüllung in externer Anerkennung findet, fällt es Taylor schwer, nicht jedem kritischen Wort, das gegen sie gerichtet wird, sofort unreflektiert zuzustimmen und ihre vermeintlichen Fehler zu beseitigen. Denn während berechtigte, konstruktive Kritik durchaus sinnvoll sein und zum persönlichen Wachstum beitragen kann, wirken böswillige Worte, die nur um ihrer selbst willen ausgesprochen werden, regelrecht zerstörerisch.

Um sich von dieser Form des Hasses bestmöglich abzugrenzen, tut die Sängerin das, was sie mit großen Emotionen immer macht: Sie verarbeitet sie zu einem Song. So ist »Mean« aus dem Jahr 2010 als direkte Antwort auf eine fiese Rezension zu verstehen, die ein amerikanischer Kritiker über sie verfasst hatte. Aber von vorn.

Es ist Februar 2010. Taylor, damals 20 Jahre alt, hat sich gerade von dem unangenehmen Vorfall mit Kanye West bei den VMAS 2009 erholt (mehr dazu im Kapitel »Mit Freundschaft gegen Mobbing«). Die Grammys stehen vor der Tür und es verspricht ein großartiger Abend zu werden. So heimst Taylor vier Awards ein und ihr wird die besondere Ehre zuteil, mit der großen Stevie Nicks auf der Bühne zu stehen. Gemeinsam wollen sie Fleetwood Macs »Rhiannon« zum Besten geben. Leider hört man ihrer Stimme an, dass sie nervös ist, und die Performance bleibt hinter den Erwartungen zurück. Scheinbar Grund genug für Kritiker Bob Lefsetz, mächtig in die Tasten zu hauen.

In seinem Artikel über den Auftritt zerreißt er die junge Musikerin förmlich in der Luft und stellt die Theorie auf, sie habe damit ihre Karriere über Nacht zerstört (wie wir wissen, liegt er damit völlig falsch, doch damals ist das nicht abzusehen). Er sagt voraus, dass sie in Nashville von nun an »noch mehr gehasst« werde; behauptet, sie sei »zu jung und dumm«, um zu verstehen, was für einen gravierenden Fehler sie begangen habe. Von konstruktiver Kritik kann keineswegs die Rede sein.

Taylors Antwort auf diese Hasstirade? Ein cleverer Country-Song, der mögliche Gründe für die Übellaunigkeit des Kritikers erörtert und ihm eine recht traurige, einsame Zukunft in Aussicht stellt. Die Fans sind begeistert. Und sie erweitern die Bedeutung des Tracks sogar: Für sie ist »Mean« die perfekte Hymne gegen alle Bullies dieser Welt. Denn die gibt es auf Internet-Blogs und in Kommentarspalten, aber auch in jeder Highschool, in jedem Sportverein und auf jeder Universität.

Mit dem Song »Shake It Off« geht die Künstlerin ein paar Jahre später sogar einen Schritt weiter. Ihrer Meinung nach verkörpert »Mean« einen frühen Umgang mit dem Thema Mobbing und erzählt eher aus einer Opferhaltung heraus. Mit »Shake It Off« gelingt es ihr vier Jahre später, das Problem humorvoller und distanzierter anzugehen. »Ich bin in den letzten Jahren besser darin geworden, über Dinge zu lachen, die in meinem echten Leben absolut keine Bedeutung haben«, erklärt sie in einem Interview zu ihrem Album *1989*.

Im Laufe der Jahre hat Taylor also gelernt, dass Fehler nicht das Ende der Welt bedeuten und dass es auch okay ist, **für sich einzustehen** und Kritik abzulehnen, wenn sie unberechtigt erscheint. Doch Ablehnung von außen, sei sie nun objektiv oder destruktiv, stellt nur eine von verschiedenen Formen des Scheiterns dar. Auch wenn wir uns **von den Meinungen anderer freimachen**, werden wir vor Fehlschlägen nicht bewahrt. Denn manchmal ist es auch das Leben selbst, das uns ins Straucheln geraten lässt: Ausgerechnet ihr erster großer beruflicher Triumph soll sich Jahre später als heftigste Niederlage erweisen. Zumindest zeitweise.

Wie bereits in einem vorherigen Kapitel erwähnt, geht Taylors kühnster Traum in Erfüllung, als sie 15 Jahre alt ist: Sie unterschreibt ihren ersten Plattenvertrag als Künstlerin bei Big Machine Records. Wie für solche Verträge üblich, willigt sie ein, ihre ersten sechs Alben unter diesem Label zu veröf-

»Für jemanden wie mich, die Anerkennung sucht, war es wichtig zu lernen, ein eigenes Wertesystem zu haben – mit den Dingen, die mir wichtig sind.«

fentlichen. Ebenso gängig ist es, dass Künstler am Anfang ihrer Karriere nicht die beste Verhandlungsposition innehaben.

Und so kommt es, dass in diesem Vertrag auch der Umgang mit dem Urheberrecht festgehalten wird: Als Songwriterin besitzt sie zwar die

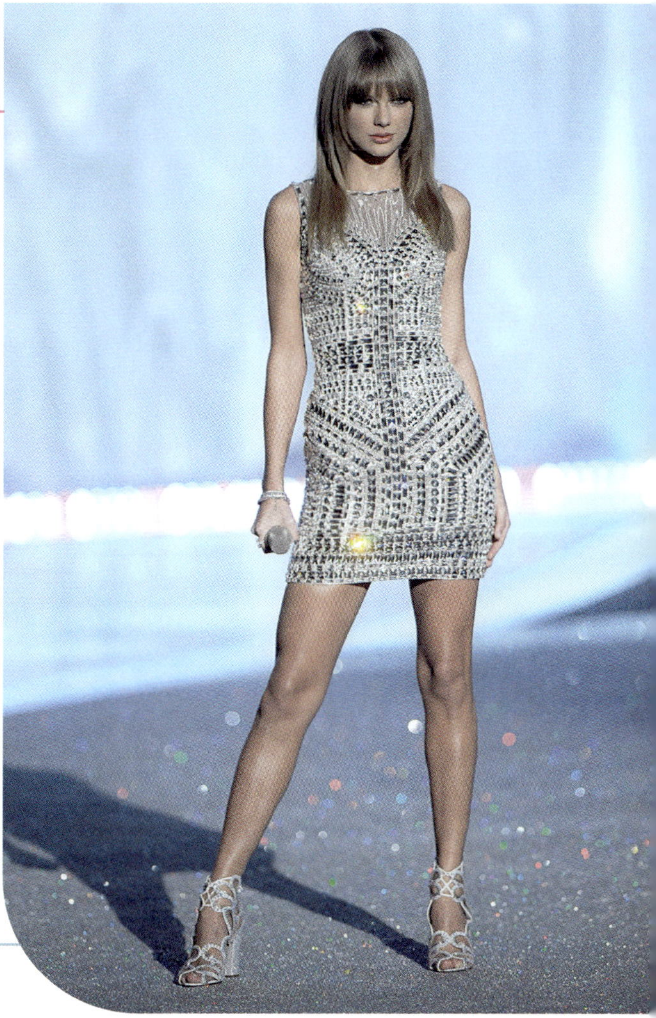

sogenannten »Publishing Rights«, also die Rechte an der Komposition von Melodie und Text, jedoch nicht die »Master Rights«, also die Rechte an den Ursprungsaufnahmen, die unter anderem für das Radio verwertet und von denen Kopien für den Vertrieb angefertigt werden. Wenn die Plattenfirma Eigentümer des Masters ist, hat diese ebenfalls die Rechte an Streams, CDs und anderen Formaten inne. Die meisten Labels begründen diese Regelung für gewöhnlich damit, dass sie zunächst viel Geld in junge Künstler investieren müssen, bevor sich das für sie irgendwann auszahlt. So weit, so üblich.

Ende 2018 wechselt Taylor zur Plattenfirma Republic. Diesmal mit in der Vertragsmasse: ihre Rechte an allen Masteraufnahmen künftiger Alben. Ein wichtiger Schritt für Taylor selbst, aber auch für die Musikbranche und richtungsweisend für viele andere Künstler. Der Diskurs um die Rechte von Künstlern an ihren eigenen Werken wird angeregt – doch für Taylor zu einem hohen Preis.

Denn im Jahr 2019 übernimmt Musikmanager Scooter Braun das Musiklabel Big Machine für sagenhafte 300 Millionen US-Dollar – und ist somit auch in Besitz von Taylors »Master Rights«. Ausgerechnet der Mann, der auch Kanye West managt und sie laut ihrer Aussage jahrelang schikanierte, hat nun die Herrschaft über ihre Musik. Das Thema Kanye West werden wir im Kapitel über Freundschaft und Mobbing genauer beleuchten, doch man muss kein eingefleischter Swiftie sein, um zu wissen: Taylors Verhältnis zu ihm ist schwierig. Laut der Sängerin habe Braun Kanyes manipulatives Verhalten gefördert und sogar andere Künstler aus seinen Reihen gegen sie aufgehetzt.

Damals wendet sich Taylor über tumblr verzweifelt an ihre Fans und schildert ihre Sicht der Dinge. Ihr ehemaliger Manager und früherer Chef von Big Machine Records, Scott Borchetta, habe genau gewusst, dass er mit dem Verkauf an Braun ihren schlimmsten Albtraum wahr werden ließe, heißt es in dem Post. Borchettas ursprünglichen Vorschlag, sie könne zum Label zurückkehren und sich mit jedem neuen Album, das sie aufnähme, ein altes zurückverdienen, lehnt sie ab. Doch nun ist alles noch schlimmer. »Jetzt hat Scooter mich meines Lebenswerks beraubt, das ich selbst nicht kaufen konnte. Im Grunde genommen liegt mein musikalisches Vermächtnis in den Händen von jemandem, der versucht hat, es zu zerstören«, erklärt sie.

»Du wirst es manchmal vermasseln, genau wie ich. Uns werden schlimme Dinge widerfahren. Wir werden uns davon erholen und dazulernen. Es wird uns stärker machen.«

Wenn sie die Rechte zurückkaufen wolle, müsse sie eine umfangreiche Verschwiegenheitserklärung unterzeichnen, die ihr verböte, jemals wieder etwas Negatives über Scooter Braun verlauten zu lassen. Das ist keine Option für sie. Es ist eine vertrackte Situation, die ihr schlaflose Nächte bereitet. Sie fühlt sich machtlos. Obwohl Kollegin Kelly Clarkson und Papa Scott vorschlagen, ihre Alben einfach neu aufzunehmen, zögert sie zuerst. »Niemand hat Lust, seine Hausaufgaben erneut zu machen, wenn der Wind sie auf dem Weg zur Schule weggeweht hat«, verbildlicht sie ihren Frust in einem Interview. Doch letztlich beweist sie auch hier **Kampfgeist**: Anstatt sich von Braun unterkriegen zu lassen, macht sie aus der Not eine Tugend – und beginnt tatsächlich, ihre Alben als »Taylor's Version« neu aufzunehmen.

Taylor hat sogar großen Spaß, sich selbst und ihrer alten Musik mit diesen Aufnahmen noch einmal auf neue Weise zu begegnen. Die Fans freuen sich ebenfalls über einen frischen Blick auf alte Titel sowie neue Songs »From The Vault«, also Tracks, die zwar damals für das jeweilige Album geschrieben, jedoch nie veröffentlicht wurden. Die Neuaufnahmen finden auch bei Musikerkollegen viel Zuspruch, werden von Kritikern gelobt und brechen unzählige Chart-Rekorde.

Braun hingegen verkauft wenige Jahre später die alten Master und kurz darauf auch seine gesamte Holdinggesellschaft. Ehemalige Klienten wie Justin Bieber und Ariana Grande kehren ihm den Rücken. In Interviews zeigt er sich reuevoll und unterstützend. Besser spät als nie.

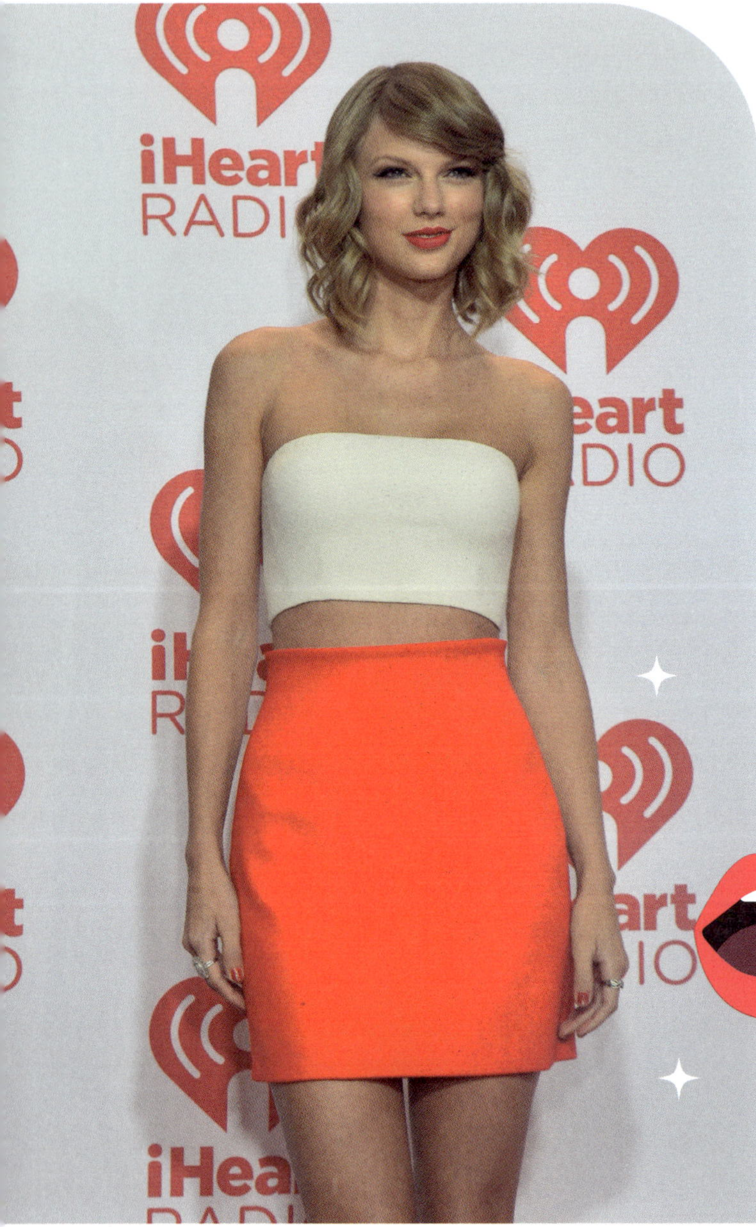

Finde neue Kraft

Wenn es um kommerziellen Erfolg geht, scheint es für Taylor lange Zeit keine Grenzen zu geben, auch wenn die Öffentlichkeit es nicht immer nur gut mit der jungen Künstlerin meint: 2010 erhält *Fearless* einen Grammy als »Album des Jahres«. Sie wird damit in dieser Kategorie zur jüngsten Gewinnerin aller Zeiten. Taylor ist gerade 20 Jahre alt. Bis heute zählt *Fearless* zu den meist ausgezeichneten Country-Alben der Geschichte. Ein unglaublicher Erfolg, der damals jedoch von der Behauptung überschattet wird, sie würde ihre Songs nicht selbst schreiben. Wir erinnern uns außerdem an den fiesen Blogbeitrag über ihre Performance mit Stevie Nicks, der an diesem Abend geschrieben werden wird.

Als Person des öffentlichen Lebens ist Taylor permanenter Beobachtung ausgesetzt – und das, während sie selbst dabei ist, erwachsen zu werden und ihren Platz in dieser Welt zu finden. Jungs kennenzulernen. Ihre (politische) Stimme zu finden. Phasen, die jede junge Frau in ihrem Leben durchläuft, für die Taylor jedoch von den Medien verurteilt wird. Als sie 2023 *Speak Now* in der »Taylor's Version« neu aufnimmt, blickt sie in einem Prolog auf die damalige Zeit zurück: »In den vergangenen Jahren habe ich mir eine dickere Haut zugelegt, was öffentliche Kritik angeht. Damals hat mich das fertiggemacht. Ich hatte diese Stimmen in meinem Kopf, die mir sagten, dass ich die perfekte Chance hatte und sie verpatzt habe.«

Taylors Reaktion auf diese Kritik ist jedoch nicht etwa aufzugeben. Im Gegenteil: Sie schwört sich, es den Kritikern zu zeigen, indem sie noch härter an sich arbeitet. Ihr drittes Album *Speak Now* verfasst sie im völligen Alleingang, gänzlich ohne Co-Autoren. Sie nimmt umfassendes Gesangstraining und perfektioniert damit ihre stimmlichen Fähigkeiten. Sie schöpft aus den Anschuldigungen neue Kraft, um gestärkt aus den schwierigen Momenten hervorzugehen.

Im erwähnten Prolog der »Taylor's Version« beschreibt die Musikerin ihr Verhalten Jahre später als Trotzreaktion, die zu einem Bewältigungsmechanismus wurde. Und so wird der Titel ihres dritten Studioalbums zu Taylors neuem Mantra: Sprich jetzt oder schweige für immer. »Ich hatte das unangenehme Gefühl, in den schwierigsten Momenten meines Lebens wie erstarrt zu sein. Ich hatte öffentlich nie etwas gesagt. Ich bin nicht sicher, ob das instinktiv geschah, weil ich nicht unhöflich sein wollte, oder einfach aus überwältigender Angst. Aber ich habe dafür gesorgt, es in all meinen Liedern zu singen«, erinnert sie sich.

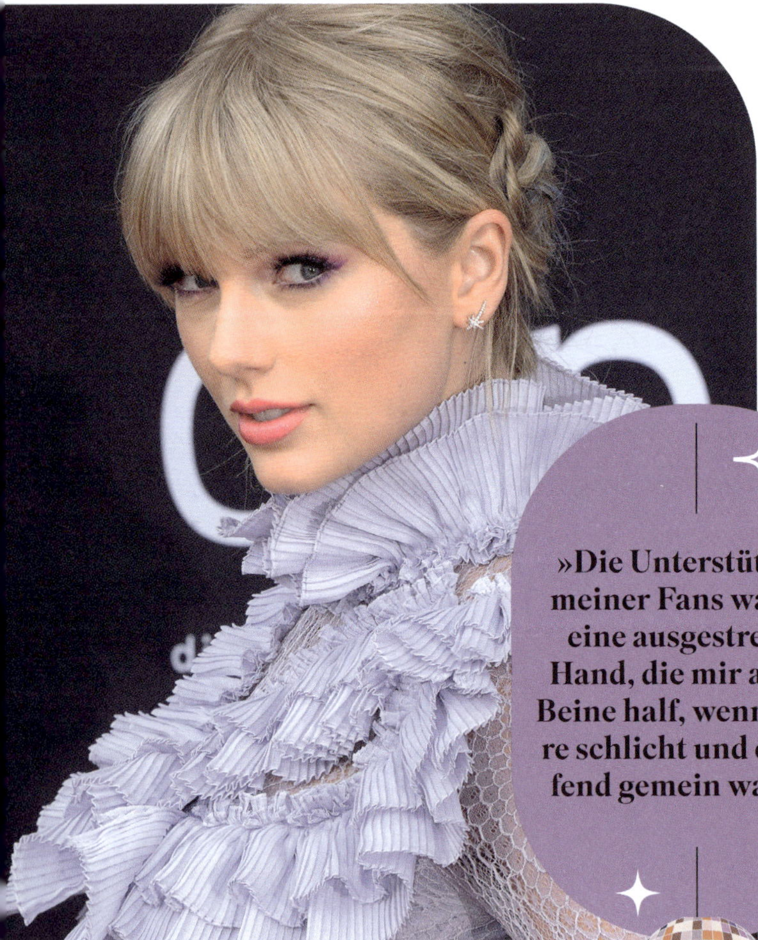

»Die Unterstützung meiner Fans war wie eine ausgestreckte Hand, die mir auf die Beine half, wenn andere schlicht und ergreifend gemein waren.«

Und so findet die Sängerin auf *Speak Now* wortwörtlich ihre Stimme. Sie adressiert die Rücksichtslosigkeit der sensationslüsternen Medien, sie entschuldigt sich bei einem Ex-Freund und richtet einen Song direkt an Kanye West. Die Platte reflektiert gewissermaßen ihr Erwachsenwerden. Den Fans gefällt es: In der ersten Woche verkauft es sich mehr als eine Million Mal.

Von da an versucht Taylor auch, **Kraft aus der positiven Bestärkung** der Menschen zu ziehen, die ihr wohlgesonnen sind. Sie schwört sich, die Kritik der Hater nicht mehr ganz so ernst zu nehmen, und kämpft sich aus der Opferrolle heraus. Wie wir bereits gesehen haben, sind Songs wie »Shake It Off« der beste Beweis dafür. So gelingt es ihr mit einem Augenzwinkern, sich das von den Medien geformte Image zurückzuholen und es zu etwas Größerem zu machen.

Schon bald muss die Künstlerin diese Fähigkeit stärker denn je unter Beweis stellen. Im Jahr 2016 scheint alles über ihr zusammenzubrechen: Nach einer Auseinandersetzung mit Nicki Minaj auf Twitter und einem Streit mit Katy Perry erreicht auch Taylors uralte Fehde mit Kanye West einen neuen Höhepunkt, als dieser seinen Track »Famous« veröffentlicht. Darin gibt er die mittlerweile berühmt-berüchtigte Zeile »I made that bitch famous« zum Besten. Taylor äußert öffentlich Kritik an dieser respektlosen Formulierung. Auch das Musikvideo, das Taylor und andere Celebritys nackt im Bett mit dem Rapper zeigt, beanstandet sie. Als Reaktion darauf verbreitet Kanyes (mittlerweile Ex-)Frau Kim Kardashian ein heimlich aufgenommenes Telefonat zwischen Taylor und Kanye, das angeblich ihre Zustimmung für all das beweist.

»Glück ist keine Konstante. Glück ist etwas, von dem wir nur ab und zu einen flüchtigen Eindruck bekommen, aber das ist es wert.«

Taylor weist das entschieden zurück. Sie habe zwar andere Parts des Tracks abgesegnet, diesen jedoch nicht. Und obwohl der (vermutlich stark geschnittene) Clip tatsächlich nur Aufschluss über andere Aspekte des Telefonats bietet, gibt das Internet Kardashian recht: Sie bezeichnet Taylor für ihr vermeintlich hinterlistiges Verhalten als »Schlange« und unzählige Nutzer springen auf den Zug auf. Die Social-Media-Kanäle der Sängerin werden über und über mit Schlangen-Emojis geflutet.

Als wäre all das nicht genug, wird kurz darauf auch Taylors fehlende politische Positionierung kritisiert. Während ihre Musikerkollegen die Fans dazu ermutigen, sich bei der Präsidentschaftswahl für den einen oder anderen Kandidaten zu entscheiden, bleibt Taylor verhalten. Später erklärt sie, sie habe vor allem versucht, ihre mentale Gesundheit zu schützen. Sie sei kurz vor dem Zusammenbruch gewesen. Denn die Lawine der Entrüstung ebbt nicht ab. »Dieser Sommer ist der Weltuntergang«, schreibt sie später in ihr Tagebuch.

Ihr wird klar: Hier kann sie nur verlieren. Ihre frühere Taktik, jede Kritik an sich einfach »wegzuoptimieren«, muss diesmal zwangsläufig scheitern. Also hört sie auf, sich für alles zu rechtfertigen, und verschwindet gänzlich aus der Öffentlichkeit. »Wenn Menschen in einem Hassrausch sind und etwas gefunden haben, das sie gemeinsam hassen können, verbindet sie das. Alles, was man dann sagt, verhallt in einer Echokammer des Spottes«, erklärt sie Jahre später in einem Interview.

Taylor **reflektiert das Geschehene, räumt Fehler ein und erweitert ihren Horizont**. Sie beschließt, ein neues Album zu komponieren und ihre Weltansichten deutlicher nach außen zu tragen. Außerdem nutzt sie ihre eigene missliche Situation, um auf die teils unmenschliche Behandlung durch die Medien aufmerksam zu machen, denen Künstler oft ausgeliefert sind.

Das Ergebnis ist ihr sechstes Studioalbum, dem sie den treffenden Namen *reputation* gibt. Untermalt von einem deutlich düstereren Sound als zuvor und ungewohnten Trap- und EDM-Elementen handeln die Songs von Themen wie Wut und Rache, aber auch von der Liebe und dem Rückhalt ihrer engsten Bezugspersonen, mit denen Taylor es durch diese schwierige Zeit geschafft hat.

»Man kann zulassen, dass die Welle über einen hereinbricht, und gegen etwas Größeres ankämpfen. Oder man taucht unter, lernt etwas daraus und taucht wieder auf.«

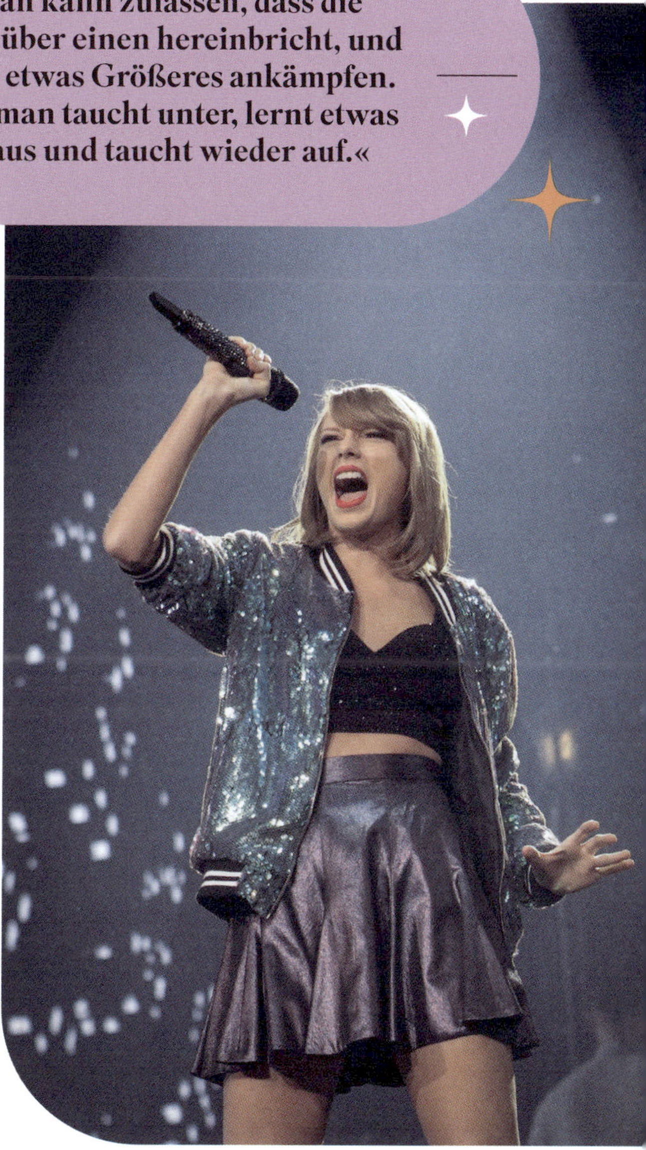

Das ihr von Kim Kardashian auferlegte Image der »falschen Schlange« holt sich die Sängerin auch zurück, indem sie die Schlange kurzerhand zum Symbol dieser Era macht. So wird das Kriechtier nicht nur zum Bestandteil ihres Looks, es ziert auf der *reputation*-Tour auch die Bühne der Künstlerin – in Form einer aufblasbaren, 19 Meter hohen Kobra namens Karyn. Humorvoll und mit einem Augenzwinkern zeigt sie der Welt: Ich bin wieder da.

Auch ihr Privatleben nimmt Taylor von nun an deutlich ernster. Im Interview mit dem *Rolling Stone* hält sie fest: »Wenn man seine **Privatsphäre schützt**, gibt es keine Diskussionen, keine Enthüllungen, keine Debatten. Mir wurde klar, dass ich es gewesen war, der die Einladung ausgesprochen hatte: Ihr könnt mein Leben so spielen, als sei es ein Videogame.« Während sie ihre Grenzen wahrt, investiert sie die neu gewonnene Kraft nun nach außen und setzt ihre Stimme für die Personengruppen ein, die allein nicht gehört werden.

So statuiert sie 2017 ein Exempel für alle Opfer sexueller Nötigung, als sie den Radiomoderator David Mueller auf einen symbolischen Dollar verklagt. Mehr zu diesem Prozess erfährst du im nächsten Kapitel. Nur ein Jahr später zeigt sie außerdem erstmals politisches Engagement: Ihre Unterstützung für den Demokraten Phil Bredesen aus ihrer Heimat Tennessee sorgt bei der Senatswahl 2018 für einen erheblichen Anstieg der Wahlbeteiligung. Es gelingt ihr, den öffentlichen Blick von ihren persönlichen Belangen abzuwenden und stattdessen auf die gute Sache aufmerksam zu machen.

»Ich möchte von den Dingen definiert werden, die ich liebe. Nicht von denen, die ich hasse, die mir Angst machen, die Dinge, die mich nachts heimsuchen.«

Taylors Kraftquellen

- **Backe etwas:** Ob Cupcakes, Sugar Cookies oder Kuchen – Taylor liebt es, süße Leckereien zu backen. Dabei kommt es ihr nicht nur auf das Ergebnis an; auch das Backen an sich bereitet ihr große Freude. »Es beruhigt mich irgendwie. Ich konzentriere mich dabei einfach darauf, die ganzen Zutaten abzumessen, und folge dem Rezept, anstatt über all die Dinge nachzudenken, die mich stressen«, begründet sie ihre Liebe zum Backen in einem Interview.
- **Schreibe es auf:** Klar, dass Taylor ihre Gefühle und Probleme als Songwriterin häufig zu Papier bringt. Sie bezeichnet das Schreiben als therapeutisch. Auch dir kann es eventuell helfen, deine Sorgen und Probleme zu verschriftlichen. So hast du in Ruhe Gelegenheit, das Chaos im Kopf zu ordnen und der Lösung näher zu kommen.
- **Rufe jemanden an:** Für Taylor ist ein Anruf bei ihrer Mama immer die letzte Rettung. Gespräche mit Mama Swift erden sie und geben ihr einen realistischeren Blick auf die Situation. Gibt es auch in deinem Leben jemanden, der eine solch beruhigende Wirkung auf dich hat? Melde dich bei demjenigen! Mitgefühl, liebevolle Worte und eine eventuell neue Perspektive wirken in Krisensituationen heilsam.
- **Nimm es mit Humor:** Viele Probleme, die dir erst riesengroß erscheinen, entpuppen sich wenig später als Banalitäten. Vor allem, wenn es um Lästereien von unwichtigen Personen geht, die mit deinem Leben nichts zu tun haben, gilt laut Taylor eindeutig: Shake It Off! Diese Form des Mobbings entschärft man am effektivsten, indem man darüber lacht und die Mobber nicht ernst nimmt.

Liebe dich selbst

Wie viele andere junge Erwachsene legt auch Taylor mit den Jahren einen immer stärkeren Fokus auf Themen wie Selbstakzeptanz und Selbstliebe. Das offenbart sich den Fans einerseits implizit in ihrem gewandelten Umgang mit Kritik – weg vom Optimierungswahn und hin zu achtsamer Reflektion. Andererseits wird auch die explizite Message der Sängerin immer deutlicher. In der Zeitschrift *Elle* veröffentlicht sie 2019 anlässlich ihres 30. Geburtstages sogar eine Liste mit 30 Dingen, die sie in den letzten Jahrzehnten gelernt hat. Neben eher praktischen Tipps wie (Cocktail-)Rezepte, die besten Nahrungsergänzungsmittel und die richtige Hautpflege drehen sich ihre Weisheiten vor allem um ein globales Thema: Selbstfürsorge. Dabei geht es sowohl um Body Acceptance als auch um mentale Gesundheit und darum, für sich und seine Meinung einzustehen. Wir wollen uns in diesem Kapitel ebenfalls all diesen Aspekten widmen.

Trigger-Warnung: Im folgenden Kapitel geht es um psychische Störungen wie Essstörungen sowie um Opfer sexueller Gewalt. Wenn auch du unter einer solchen oder ähnlichen Erkrankung leidest oder Opfer geworden bist und Hilfe brauchst, wende dich an eine Vertrauensperson, einen Arzt oder einen Psychotherapeuten.

Im Notfall erreichst du das Krisentelefon der TelefonSeelsorge 24 Stunden täglich unter 0800-1110111 und 0800-1110222. Auf der Homepage der Deutschen Depressionshilfe findest du in der Schnellsuche Kliniken und Anlaufstellen mit Schwerpunkt Psychiatrie und Psychotherapie. Du bist nicht allein!

Zu Beginn ihrer Karriere gelten Taylors blonde Locken als ihr absolutes Markenzeichen. Viele Mädchen und Jungs dieser Welt würden für eine ähnliche Haarpracht auf dem Kopf sicher einiges gegeben. Doch wie die Musikerin verrät, war sie selbst viele Jahre kein Fan ihrer Frisur. Im Gegenteil: In ihrer Schulzeit wünschte sie sich nichts sehnlicher als die glatten Haare ihrer Mitschülerinnen. Stundenlang verbrachte sie im Bad, um ihre Mähne zu bändigen – bis ihr irgendwann klar wurde, dass es **nicht unbedingt schlecht sein muss, anders zu sein als andere**. Und dass der permanente Vergleich mit anderen eher kontraproduktiv wirkt, wenn man sich in Selbstliebe üben möchte.

Taylor ist klar, dass es für junge Menschen in Zeiten von Social Media gar nicht so einfach ist, sich diesem konstanten Wettstreit zu entziehen. Sie spricht sogar von einer »Selbstwertkrise«. Ihrer Meinung nach ist es jedoch wichtig, sich beim Scrollen durch Instagram und Co. immer wieder vor Augen zu führen: Bei diesen Impressionen handelt es sich stets nur um die Highlights aus dem Leben der anderen. Die negativen Dinge bleiben im Verborgenen. Logisch, die schlechten Tage filmt niemand mit. Taylor gibt zu: Sie selbst habe sich nie besonders cool oder sexy gefühlt – und das ist okay.

2019 unterstreicht die Künstlerin dieses Statement mit »ME!«, der ersten Single von *Lover*. Nach dem düsteren *reputation* bietet das siebte Studioalbum eine Rückkehr zu einem leichtfüßigeren, fröhlicheren Sound, der sich in der Leadsingle widerspiegelt. Das Duett mit Brendon Urie von Panic! At The Disco fordert den Zuhörer auf, die **eigene Individualität zu feiern und zu sich selbst zu stehen**.

Dabei ist der Musikerin durchaus bewusst, dass das an manchen Tagen leichter gesagt ist als getan. Für sie ist der Zustand der Zufriedenheit stets eine Herausforderung, die es zu bewältigen gilt. Einen Song wie »ME!« empfindet sie wie ein hilfreiches Mantra, das uns auch an schlechten Tagen

»Es ist nicht wichtig, ob du dich edgy, cool oder sexy fühlst. Wichtig ist, dass du dich fantasievoll, intelligent, fleißig, stark, klug und charmant findest.«

an unseren Selbstwert erinnern kann. »Wenn sich ein Lied in deinem Kopf festsetzt, ist das die Botschaft, die du dir mitgibst – egal, ob dir das bewusst ist oder nicht«, erklärt sie in einem Interview. Sie hofft, dass die positiven Botschaften der Selbstliebe sich nicht nur in ihrer Seele, sondern auch in denen ihrer Fans fest verankern.

Denn auch, wenn wir es schaffen, uns nicht ständig mit anderen zu vergleichen, können wir selbst unser schlimmster Feind sein. Wenn wir zu unserem größten Kritiker werden und sich unsere Gedanken nur um unsere vermeint-

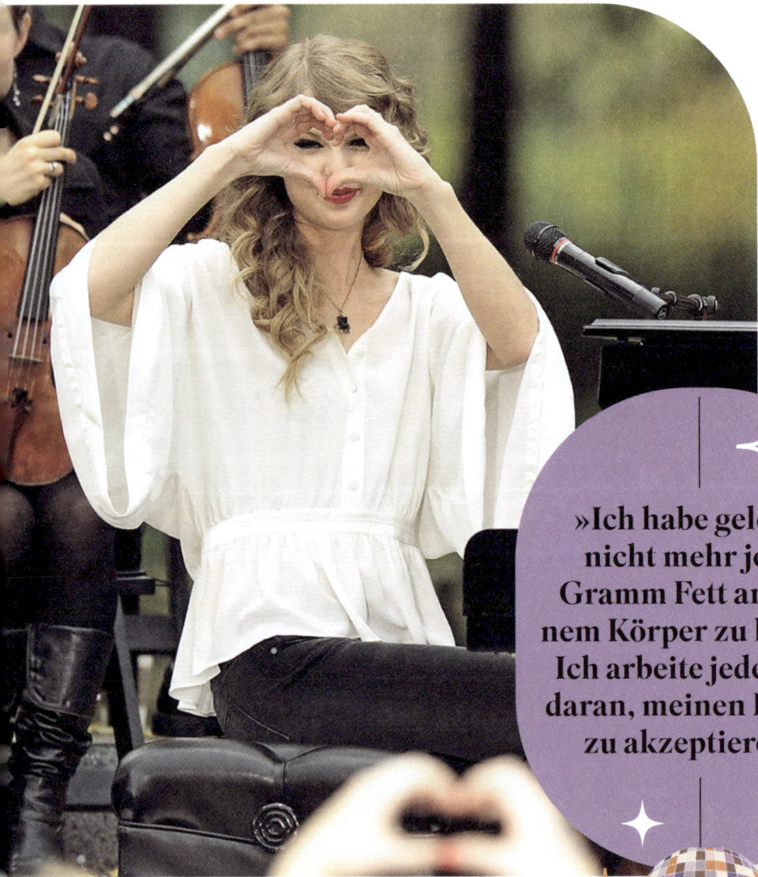

»Ich habe gelernt, nicht mehr jedes Gramm Fett an meinem Körper zu hassen. Ich arbeite jeden Tag daran, meinen Körper zu akzeptieren.«

lichen Makel drehen, wird es schwer, der Negativspirale zu entkommen. Für Taylor äußert sich das eine Zeit lang im Umgang mit ihrem eigenen Körper, wie sie 2020 in der Dokumentation *Miss Americana* zu Protokoll gibt.

Konfrontiert wird sie mit dem Thema im Alter von 18 Jahren, als sie zum ersten Mal auf dem Cover eines Magazins landet. Die anfängliche Euphorie über das Titelbild legt sich schnell, als sie die furchtbare Headline sieht: »Schwanger mit 18?« Die Schlagzeile fühlt sich für die junge Sängerin an wie eine Bestrafung. Ihre altbekannte Lösung? Selbstoptimierung – die in diesem Fall aber zerstörerisch werden kann.

Denn quasi täglich wird sie mit neuen Paparazzi-Fotos konfrontiert und Taylor beginnt, ihren Körper überkritisch zu bewerten. »Mir tut es nicht gut, jeden Tag Bilder von mir zu sehen. Wenn ich ein Bild von mir sehe, auf dem ich meinen Bauch zu groß finde, triggert mich das dazu zu hungern. Es kam nur ein paarmal vor und ich bin nicht stolz darauf, aber ich habe aufgehört zu essen.«

Die Zahl auf der Waage schrumpft. Kommentare über ihre schmale Statur wertet sie als Kompliment und Ansporn, noch dünner zu werden. Die enormen Erschöpfungszustände während einer Tour hingegen tut sie als normal ab, nicht wissend, dass ihr Hungern der wahre Grund dafür ist. Sie beginnt sogar, sich Ausreden zurechtzulegen. Wann immer jemand Sorge über ihr geringes Gewicht äußert, verteidigt sie sich mit der Behauptung, sie treibe einfach viel Sport. Dass sie kaum etwas isst, verschweigt sie.

»Zeige Rückgrat, vertraue auf dein Bauchgefühl und spüre, wann du dich wehren musst. Sei wie eine Schlange – beiß nur zu, wenn jemand auf dich tritt.«

Heute weiß sie: Wer ausreichend Nahrung zu sich nimmt, hat die nötige Energie und Ausdauer, einen Tour-Auftritt auch ohne Ohnmacht durchzuziehen. Und sie weiß auch: **Es ist unwichtig, welche Kleidergröße sie trägt**. Letztlich gibt es immer das ein oder andere Schönheitsideal, dem man nicht entspricht. Viel wichtiger ist es, gesund und fit zu sein. »Ich habe hart daran gearbeitet, mein Gehirn darauf umzustellen, dass ein bisschen mehr Gewicht Kurven, glänzenderes Haar und mehr Energie bedeutet. Ich glaube, dass viele von uns die Grenzen der Diät überschreiten. Wenn man es zu weit treibt, kann das wirklich gefährlich werden«, erklärt sie gegenüber *Elle*.

Der Song »Tied Together With A Smile« auf ihrem Debütalbum, den sie ursprünglich über eine Schulfreundin mit Essstörung geschrieben hatte, symbolisiert für Fans aus aller Welt bis heute einen Appell zur Selbstakzeptanz und die Motivation, gegen mentale Erkrankungen anzukämpfen.

Wie bereits zu Beginn des Kapitels erwähnt, kann Selbstliebe auch bedeuten, dass man für sich selbst einsteht. Im Lauf ihrer Karriere hat Taylor Swift genau das immer wieder getan. In diesem Kapitel konzentrieren wir uns auf einen Vorfall, der sich im Jahr 2013 ereignet.

Damals posiert sie beim Radiosender KYGO für ein Foto mit dem Moderator David Mueller. Kurz bevor der Fotograf abdrückt, passiert das Unglaubliche: Mueller fasst unter Taylors Kleid und greift ihr an den Po. Selbst als sie versucht, ihm seitlich auszuweichen, lässt er nicht los. Die schockierte Sängerin beschwert sich später telefonisch, woraufhin der Sender eine Untersuchung einleitet, die ihre Anschuldigungen bestätigt. Insgesamt sieben Personen und besagtes Foto bezeugen den Vorfall. David Mueller verliert seinen Job als DJ. Doch anstatt Reue zu zeigen und sich zu entschuldigen, verklagt er Taylor 2015 auf mehrere Millionen US-Dollar. Die Begründung: Sie habe ihn diffamiert und sei schuld an seiner Kündigung.

Klar, dass die Künstlerin das nicht auf sich sitzen lässt und mit einer Gegenklage wegen sexueller Belästigung antwortet. Sie fordert einen symbolischen Dollar als Entschädigung, um ein Zeichen für Opfer von sexueller Gewalt zu setzen. Der Gerichtsprozess fordert der Musikerin alles ab: Muellers Anwalt schikaniert Taylor und ihr Team und bezichtigt sie der Lüge. Ihre einstige Scham verwandelt sich in Wut. Wenn selbst sieben Zeugen und ein Foto nicht dafür sorgen, dass ein Täter Einsicht zeigt, wie geht es dann anderen Opfern, die diese Beweise nicht vorlegen können? Sie lässt sich nicht einschüchtern und spricht stattdessen im Zeugenstand **geradlinig und unmissverständlich** über das Geschehene. »Den Opfern wird in Fällen von sexueller Belästigung eine Menge Schuld zugewiesen. Mein Rat ist, dass du dir keine Vorwürfe von anderen gefallen lassen solltest. Du solltest nicht dafür verantwortlich gemacht werden, 15 Minuten, 15 Tage oder 15 Jahre gewartet zu haben, um einen sexuellen Übergriff zu melden«, sagt sie später gegenüber *Time*.

Das Urteil gibt ihr recht. Mit ihrer klaren und unverblümten Zeugenaussage, die kein Victim-Blaming zulässt, wird Taylor zum Sprachrohr für Opfer von sexuellen Übergriffen. *Time Magazine* ernennt sie und andere Fürsprecherinnen der »Me Too«-Bewegung 2017 zu »Silence Breakers«. Diese Erfahrung wird zum Startschuss für ihr gesellschaftliches Engagement.

»Seit dem Prozess hat sich etwas vollkommen und unumkehrbar verändert in meinem Leben. Kein Mann aus meinem Umfeld wird je verstehen, was das für ein Gefühl war.«

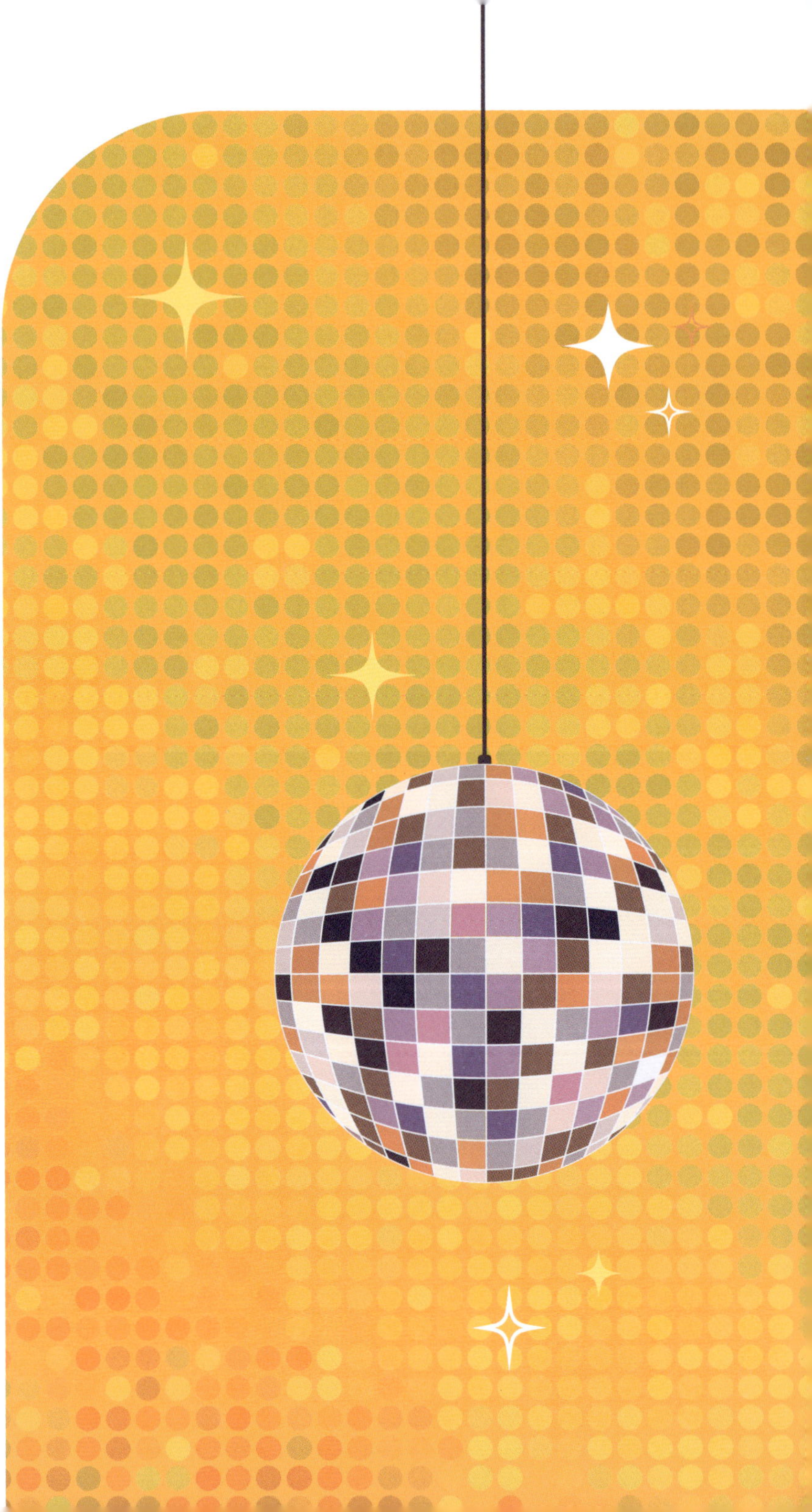

TAYLOR, DIE BEZUGS-PERSON

Swiftie-Liebe

Den allermeisten Popstars ist klar, dass der Grundstein ihres Erfolgs von den treuen Fans gelegt wird. Sie sind es, die jedes Album kaufen, auch wenn es von Kritikern verpönt ist; sie sind es, die die Hallen füllen und die Merchandise-Stände leerkaufen. Dass populäre Musiker also – zumindest vordergründig – eine gute Beziehung zu ihren Fans pflegen, ist so logisch wie eigennützig. Betrachtet man jedoch die Beziehung zwischen Taylor Swift und ihren Fans, wird schon nach kurzer Zeit deutlich: Das hier ist viel mehr als eine Zweckgemeinschaft. Im Folgenden wollen wir dieser ganz besonderen Liebesgeschichte auf den Grund gehen.

Als Taylor mit dem Songwriting anfängt, schreibt sie vor allem ihre persönlichen Erlebnisse nieder. Herzschmerz, Erfahrungen mit Mobbing oder der Umgang mit dem Erwachsenwerden – all diese Eindrücke wollen verarbeitet werden. Als jedoch immer mehr Menschen auf der Welt ihre Musik hören, wird ihr klar: Meine Lieder sind nun Teil vom Leben dieser Menschen. Sie spielen sie in ihren Kinderzimmern, wenn sie selbst traurig sind, oder grölen sie aus ganzem Herzen mit, wenn sie mit dem Auto fahren. In einem Audiokommentar erklärt die Künstlerin das so: »**Musik ist die ultimative Verbindung.** Du kannst dich immer an die Musik wenden und dich davon trösten lassen, dass jemand anderes genau dasselbe durchgemacht hat wie du. Du bist nicht allein.«

»Ich habe schon immer Musik gemacht, um die Verbundenheit mit meinen Fans zu spüren – nicht, um irgendeine Art von Männerfantasie zu befriedigen.«

So kommt es, dass Taylor und ihre Fans im Laufe der Jahre gewissermaßen zusammen aufwachsen. In der Dokumentation *Miss Americana* beschreibt sie ihre Alben als Tagebucheinträge, die ihre Hörerschaft zu lesen be-

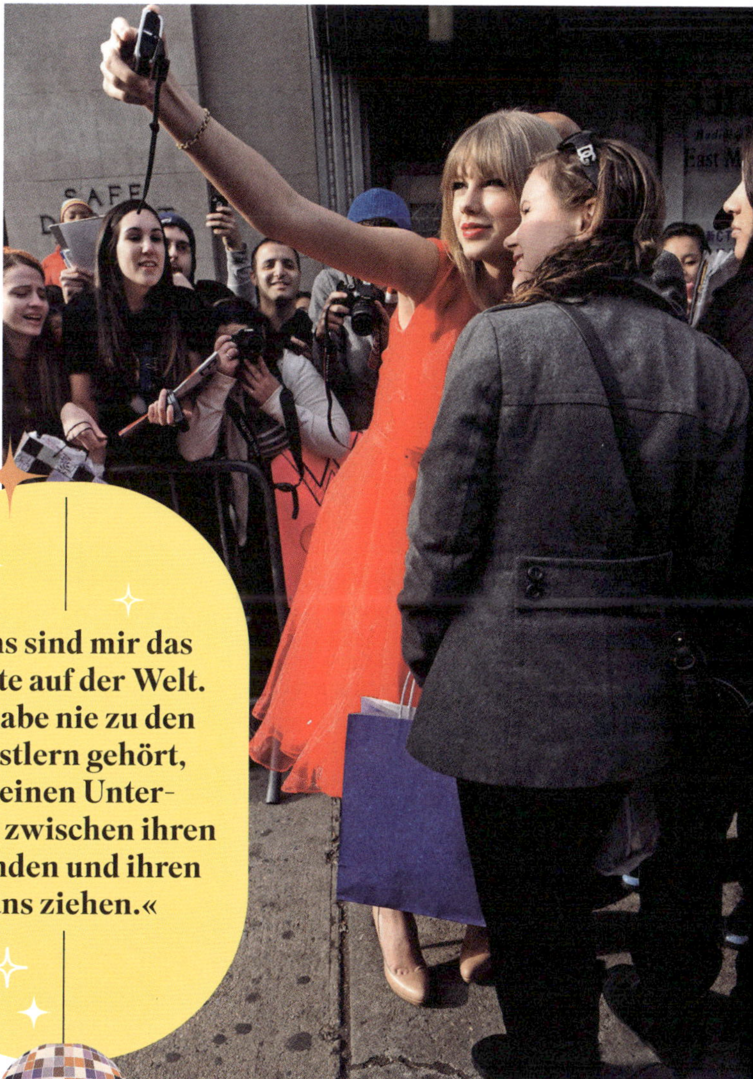

»Fans sind mir das Liebste auf der Welt. Ich habe nie zu den Künstlern gehört, die einen Unterschied zwischen ihren Freunden und ihren Fans ziehen.«

kommt. Oft stimmen die Erlebnisse der Sängerin mit dem überein, was ihre Fans durchgemacht haben, sodass sie sich noch besser mit den Texten identifizieren können. Das verbindet. Immer wieder betont Taylor in Interviews, dass es ihr beim Komponieren vor allem darum geht, dass sich ihre Fans beim Hören ihrer Lieder an eigene Erfahrungen erinnern, anstatt darüber zu grübeln, was sie wohl beim Schreiben umgetrieben hat. Bis heute singt sie viele alte Titel aus ihrem Songkatalog vor allem deshalb, weil ihre Anhänger unzählige Erinnerungen damit verbinden.

Taylor beschreibt sich als »große Schwester« ihrer Fans – und nimmt diese damit ganz bewusst in den Familienkreis auf, anstatt sie auf Distanz zu halten. Darum ist sie sich ihrer Vorbildrolle auch sehr bewusst: »Wenn du einen Song rausbringst, bist du ein Vorbild, egal, ob du dich entscheidest, das anzuerkennen oder es zu ignorieren. Ich habe mich entschieden, es anzuerkennen.« Die Fans spüren diese Nähe ebenfalls und taufen ihre Gemeinschaft Swifties.

Taylor ist begeistert vom Zusammenhalt und der Kreativität ihrer Anhängerschaft. Sie schneiden aufwendige Fan-Videos zusammen, organisieren Projekte rund um den Globus oder erschaffen ganze Fantasiewelten, die auf ihren Songs und Alben basieren.

Bei so viel Liebe und Hingabe möchte die Sängerin möglichst viel zurückgeben. Während es zu Beginn ihrer Karriere einfach war, nach einer Show mit ihren Fans abzuhängen, wird das mit zunehmendem Bekanntheitsgrad schwieriger. Doch Taylor weiß sich zu helfen: Auf vielen Touren lässt sie backstage sogenannte T-Party-Rooms errichten. Dort finden sich neben einer gemütlichen Einrichtung und Erfrischungen jeder Art auch Kickertische und Tischtennisplatten. Nach der Show lädt die Künstlerin ihre Fans hierher ein, um sie zu treffen, sich zu unterhalten und Fotos zu machen. Dabei legt sie Wert darauf, besonders **die Zuschauer glücklich zu machen, die sich viel Mühe geben**: »Wir belohnen gern Leute, die in den hinteren Reihen saßen, oder solche, die nie dachten, eine Chance auf ein Treffen mit mir zu haben. Leute, die Schilder mitbringen und sich verkleiden.«

Doch um ihre Fans wirklich kennenzulernen, geht sie sogar einen Schritt weiter: Im Jahr 2014 übernimmt sie die Führung ihres tumblr-Accounts. Auf dieser Blogger-Plattform teilen viele ihrer Fans Ausschnitte aus ihren Leben, philosophieren über Taylors Musik oder präsentieren ihre kreativen Projekte.

Von da an nimmt sie an der Gedankenwelt ihrer Zuhörer teil, likt und kommentiert deren Posts und beteiligt sich sogar an Insiderwitzen ihrer Fangemeinschaft. Das Tay-lurking ist geboren. Während andere Musikerkollegen Social Media vor allem zu Promo-Zwecken nutzen, **bleibt Taylor am Puls ihrer Fanbase** – und spricht viele von ihnen sogar mit Vornamen an. Besonders zu Zeiten, in denen sie von den öffentlichen Medien regelrecht zerfleischt wird, entwickelt sich tumblr für Fans und Musikerin gleichermaßen zum »Safe Space«, auf dem sie sich intensiv austauschen können.

Die gewonnenen Einsichten nutzt sie im Laufe ihrer Karriere immer wieder für berufliche Entscheidungen: So wird der Fan-Favorit »Sparks Fly«, den Taylor bereits im Jahr 2006 geschrieben hatte, nur deshalb Teil ihres dritten Albums *Speak Now*, weil die Zuhörerschaft es sich so wünscht. Auch bei den Neuaufnahmen ihrer alten Alben legt sie Wert auf die Meinung der Swifties. So hatte »All Too Well« für sie eigentlich immer als emotional schwieriger Song gegolten. Doch dank des unerwartet großen Zuspruchs veröffentlicht sie ihn in der »Taylor's Version« in der originalen zehnminütigen Version und konzipiert ein dazugehöriges Musikvideo.

»Ich glaube, die innigste Beziehung, die ich je hatte, ist die zu meinen Fans. Ich denke mir immer neue Wege aus, um sie zu begeistern und zu überraschen.«

»Ich liebe es, mit versteckten Botschaften zu kommunizieren. Ich denke, die besten Nachrichten sind kryptisch.«

Neben dem tiefen Verständnis und dem Respekt auf beiden Seiten kommt aber auch der Spaß zwischen der Musikerin und ihren Swifties nie zu kurz. Für Fangemeinschaften ist es nicht ungewöhnlich, sich online akribisch über Auftritte, Ankündigungen oder das Leben ihres liebsten Popstars auszutauschen. Während diese Analysen in den meisten Fällen ohne das Wissen oder gar die Zustimmung der jeweiligen Celebrity geführt werden, entdeckt Taylor darin einen Weg, um mit ihren Fans zu kommunizieren. Wann immer es Neuigkeiten zu Musik oder anderen Projekten zu verkünden gibt, macht die Künstlerin sich einen Spaß daraus, ihren Fans möglichst kryptische Hinweise zu geben.

Diese Botschaften finden sich in vielen öffentlichen Auftritten: So weisen bestimmte Kleidungsstücke oder Nagellacke auf zukünftige Songtitel und -themen hin, während sich versteckte Symbole in Musikvideos als Fingerzeig auf Veröffentlichungsdaten oder Albumtitel entpuppen. Vermeintlich zufällig groß gedruckte Buchstaben in Print-Interviews erweisen sich als geheime Nachrichten.

Ein Paradebeispiel für diese »Easter Eggs« ist das Musikvideo zum Song »ME!«: Hier erhalten die Fans schon vor dem Release einen Ausblick auf das, was *Lover* für sie zu bieten haben wird. So prangt der Titel gut sichtbar als Neonschild in der Skyline, in der auch Big Ben (und somit ein Hinweis auf »London Boy«) zu finden ist. Außerdem weist Brendon Urie sie im Streitgespräch zurecht: »You Need To Calm Down.«

Teilweise sind die Botschaften so komplex, dass sie ihren wahren Inhalt erst viel später entfalten, erklärt Taylor in einem Interview: »Ich vertraue meinen

Fans, dass sie irgendwann alle Hinweise entschlüsseln, auch wenn sie dafür erst das Album in Gänze gehört haben müssen. Ich habe diese Hinweise so gestaltet, dass sich einige davon mit der Zeit selbst enthüllen werden.

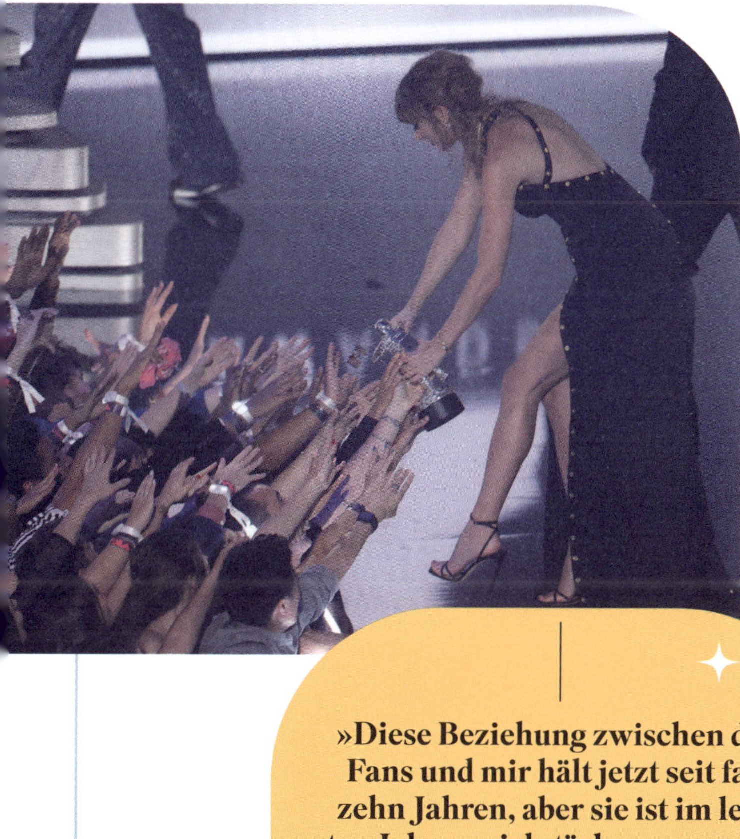

»Diese Beziehung zwischen den Fans und mir hält jetzt seit fast zehn Jahren, aber sie ist im letzten Jahr so viel stärker geworden. Dafür bin ich sehr dankbar.«

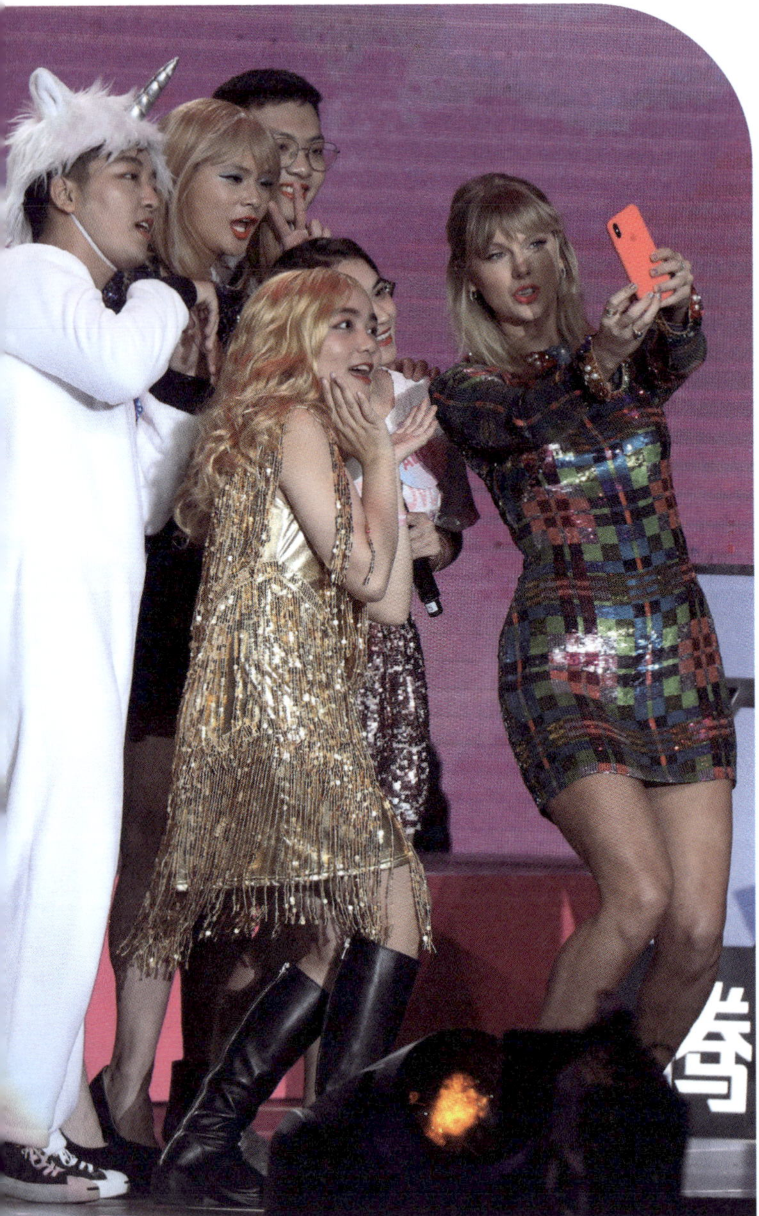

Ich weiß, das klingt frustrierend. Ich schwöre, dass ich damit aufhöre, wenn mir die Fans irgendwann sagen, dass sie keinen Spaß mehr daran haben!«

Doch da kann sie vermutlich lange warten: Die Fans lieben die bunte Schnitzeljagd durch Interviews, Musikvideos und Paparazzi-Fotos. Täglich tun sich neue Theorien über kommende Alben oder Ankündigungen auf – es gibt unzählige Zeitungsartikel, Blogbeiträge und Youtube-Videos, die sich ausschließlich mit dem Entschlüsseln von Taylors versteckten Botschaften beschäftigen.

Im September 2014 findet die Musikerin einen Weg, ihren Fans sogar noch näher zu sein: Vor der Veröffentlichung von *1989* kommt sie auf die Idee der »Secret Sessions«. Bei diesen privaten Treffen lädt die Sängerin ausgewählte Fans zu sich nach Hause ein, um das neue Material einen Monat vor Release gemeinsam anzuhören. Bei der Auswahl der Fans ist es Taylor besonders wichtig, Personen zu nominieren, die trotz großer Bemühungen bisher nicht die Möglichkeit hatten, ihr Idol zu treffen. Dazu beobachtet sie ihre Swifties monatelang auf Social Media, um möglichst viele Informationen über sie zu sammeln.

Die Secret Sessions werden ein voller Erfolg: Taylor backt Kekse, beantwortet Fragen zu ihrer neuen Platte und tanzt mit den Fans in ihrem Wohn-

»Manchmal hast du einen schlechten Tag, bis du auf die Bühne gehst. In der Sekunde, in der du die Freudenschreie von 20 000 Leuten hörst, denkst du: Alles wird gut.«

zimmer. Jeweils 89 überglückliche Swifties gehen nach diesen Abenden mit einem Polaroidfoto von sich und ihrem Idol nach Hause – und mit der Erinnerung an ein einmaliges Erlebnis. Auch für *reputation* und *Lover* führt die Künstlerin diese Tradition fort, um sich mit ihren Fans zu connecten.

Darüber hinaus startet Taylor in der *1989*-Era eine weitere Aktion, die ihre Fans sprachlos macht: Zum sogenannten »Swiftmas« verschickt sie handverlesene Geschenke an Swifties, deren Online-Profile sie vorher genauestens unter die Lupe genommen hat. Einzig ein Weihnachtsmann-Emoji hinterlässt sie auf den Profilen der Auserwählten, um auf ihren Plan hinzuweisen. Auf Youtube dokumentiert sie die Aktion, zeigt, wie sie die Geschenke eigenhändig verpackt und verschickt. Die glücklichen Fans freuen sich über wunderschöne Halsketten, wohlduftende Kerzen oder gemütliche Kuscheljacken.

Die Überraschungsaktionen, die Secret Sessions und Easter Eggs sind Taylors Art, Danke zu sagen. Denn auch sie spürt all die Liebe, die ihre Swifties ihr entgegenbringen. Sie haben es ihr erlaubt, im Laufe der Jahrzehnte mit Genres zu spielen und sich auszuprobieren. Sie sorgen dafür, dass die Künstlerin auch die schmerzhaftesten Lyrics gerne live performt, weil sie sich darauf verlassen kann, dass ihre Fans lauthals mitsingen. In Interviews betont die Musikerin, wie gut es ihr tut zu sehen, wie ihre Fans sie zum Meme machen, alberne GIFs aus ihren Musikvideos posten oder Insider verbreiten. »Sie bringen meinen Humor zurück. Manchmal nehme ich die Dinge zu ernst«, erklärt sie in einem Interview. Die *reputation*-Era habe trotz aller Hindernisse zu einer gestärkten Bindung zwischen ihr und ihren Fans gesorgt. So schaffen es die Swifties, dass die Sängerin selbst aus den schwierigsten Zeiten etwas Positives ziehen kann.

Anleitung: Freundschaftsbänder basteln

Seit Jahrzehnten werden Freundschaftsarmbänder geknüpft, aufgefädelt oder gebastelt. Sie bieten eine kreative Möglichkeit, Zugehörigkeit zu zeigen oder die eigene Message in die Welt zu tragen. Schon 2019 teilt Taylor ein Foto von ihrem Handgelenk voller Freundschaftsarmbänder. Neben verspielten Schmetterlings- und schlichten Perlenarmbändern trägt sie auf dem Bild auch solche, die kleine Nachrichten enthalten. Mit *Lover* und *Fearless* sind Albumtitel zu lesen, aber auch die Namen ihrer Katzen sind verewigt.

2022 erwähnt Taylor die Freundschaftsbänder sogar in ihrem Lied »You're On Your Own, Kid«: »So make the friendship bracelets / Take the moment and taste it« (»Mach die Freundschaftsbänder / Nimm den Moment und genieß ihn«). Spätestens jetzt bricht in der Fangemeinschaft ein regelrechter Hype um selbst gemachte Perlenarmbänder aus. Stundenlang kreieren die Fans wunderschöne Armbänder, die häufig mit Lyrics, Songtiteln oder kleinen Insiderwitzen bestückt sind. Diese werden dann, oft in riesigen Mengen, mit zur The Eras Tour genommen und getauscht oder verschenkt.

Sogar berühmte Konzertgänger nehmen am Trend teil. Denn auch Superstars wie Jennifer Lawrence, Gigi Hadid, Reese Witherspoon und Selena Gomez tauschen fleißig ihre Armbänder mit den Fans.

Mittlerweile gibt es unzählige kreative Möglichkeiten, Perlenarmbänder zu erstellen. In dieser Anleitung zeigen wir dir eine davon. Viel Spaß beim Basteln und Tauschen!

Du benötigst:

- Schmuckband (z. B. 0,5 mm dick)
- verschiedene Perlen (bunt, mit Symbolen, mit Buchstaben etc.)
- Schere
- Verschlüsse

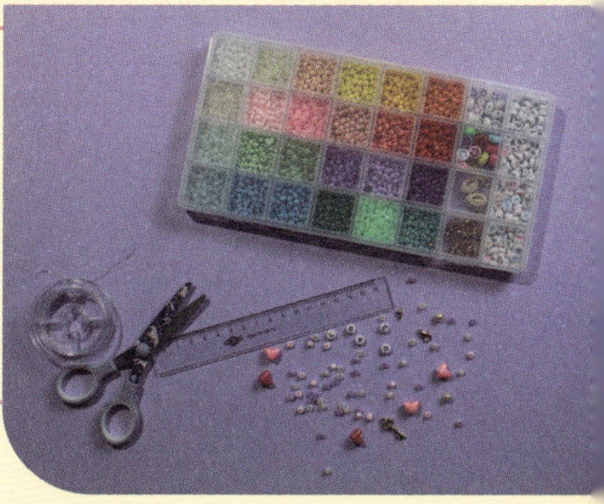

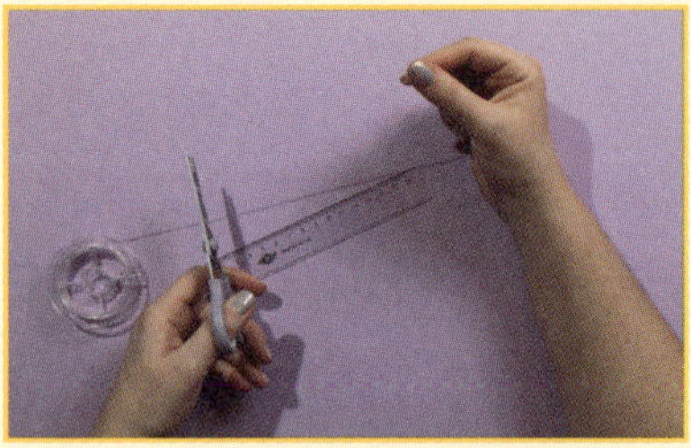

1. Schneide drei gleich lange Bänder von deinem Schmuckband ab (je nach Handgelenk zwischen 16–22 cm pro Band). Rechne ein paar Zentimeter extra dazu.

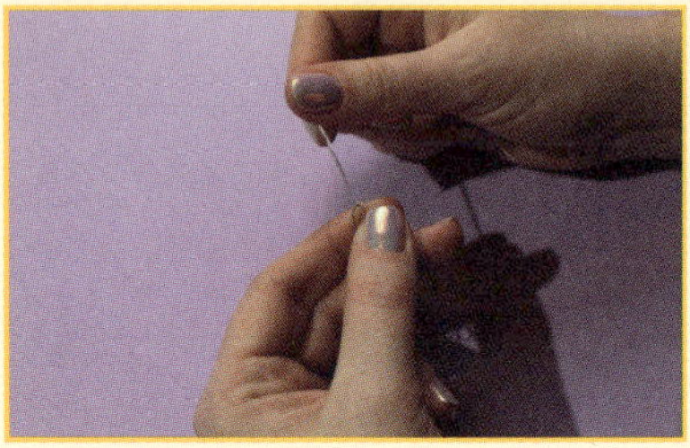

2. Knote die Bänder an einem Verschluss zusammen.

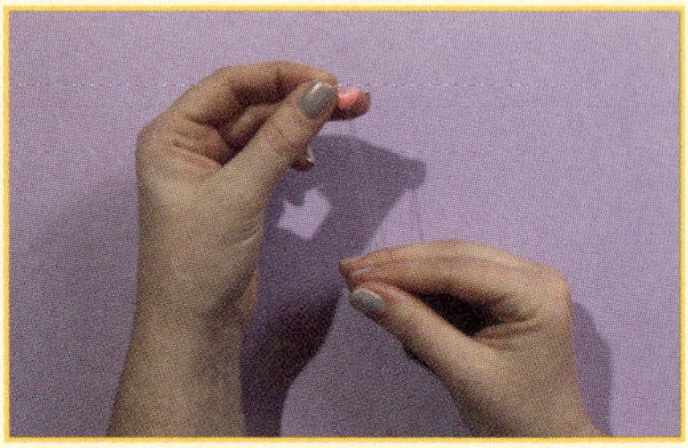

3. Verstecke den Knoten mit einer großen Perle.

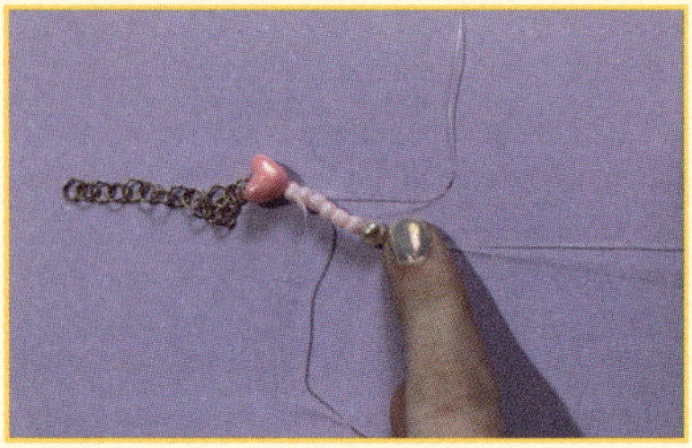

4. Lege die drei Stränge vor dich hin und beginne mit dem mittleren.

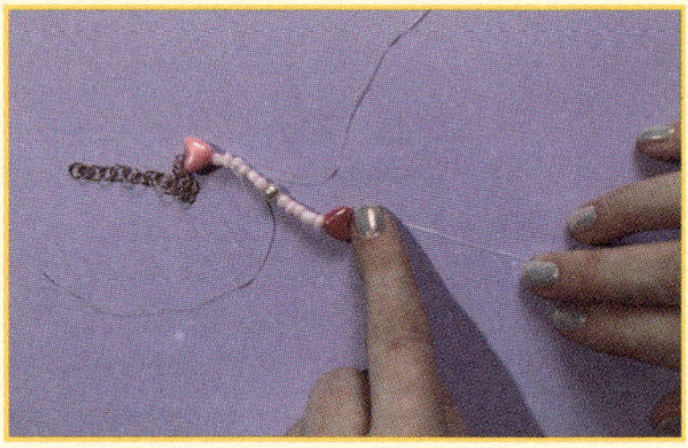

5. Starte mit deinem Design und fädle die Perlen ungefähr bis zur Mitte des Bandes auf.

6. Nun kannst du deine Message auffädeln. Dabei kannst du kreativ werden: Welche ist deine Lieblings-Era? Hiervon kannst du Lyrics, Inside Jokes oder Songtitel nutzen. Verknote das Ende des mittleren Strangs, um die Perlen zu sichern.

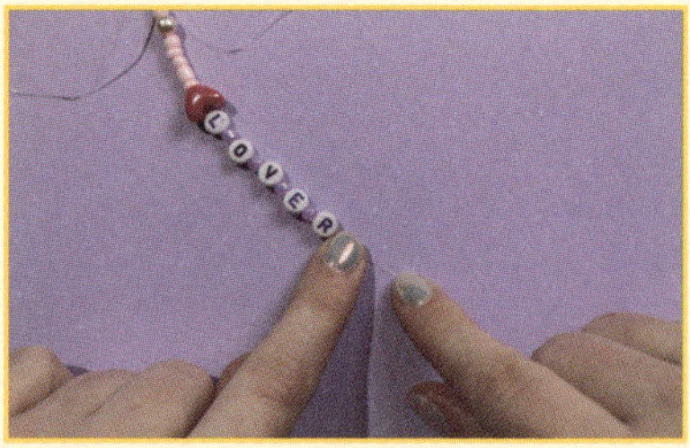

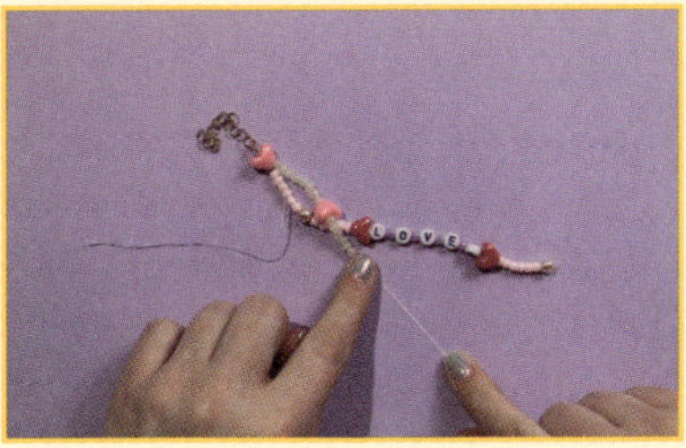

7. Beginne nun mit dem oberen Faden und achte darauf, dass sich große Perlen nicht mit denen des mittleren Strangs in die Quere kommen.

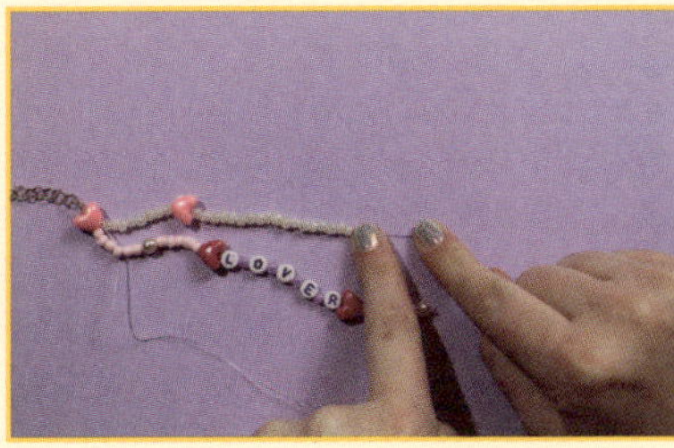

8. Fädle auch hier Perlen deiner Wahl auf und verknote den Faden am Ende.

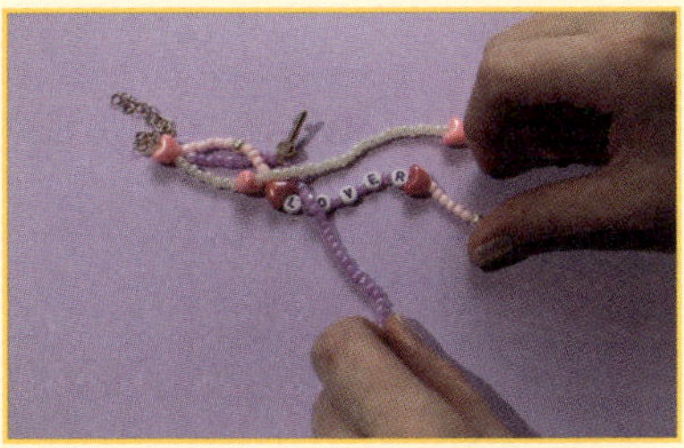

9. Fädle Perlen deiner Wahl auf den dritten Faden. Lass ihn eventuell einfarbig, um das Armband nicht zu sehr zu überladen. Verknote den Faden am Ende.

10. Lege das Armband nun flach vor dich hin und flechte es zu einem Strang.

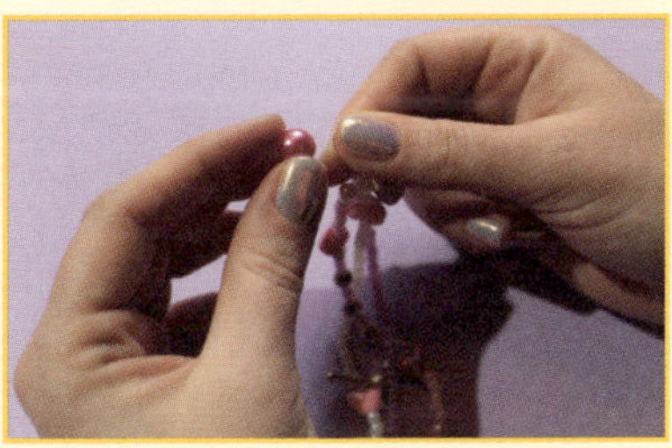

11. Am Schluss knotest du die Bänder zusammen und verdeckst den Knoten wieder mit einer großen Perle.

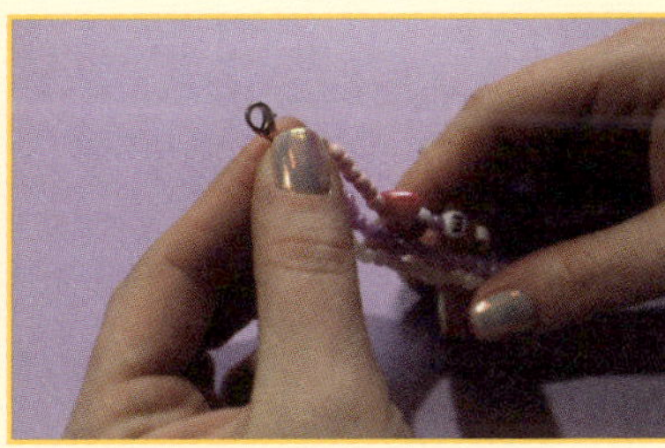

12. Befestige am Ende einen Verschluss deiner Wahl.

13. Fertig ist dein Freundschaftsarmband!

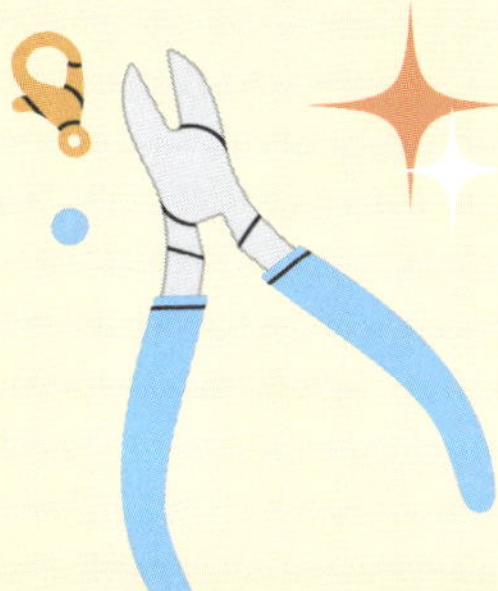

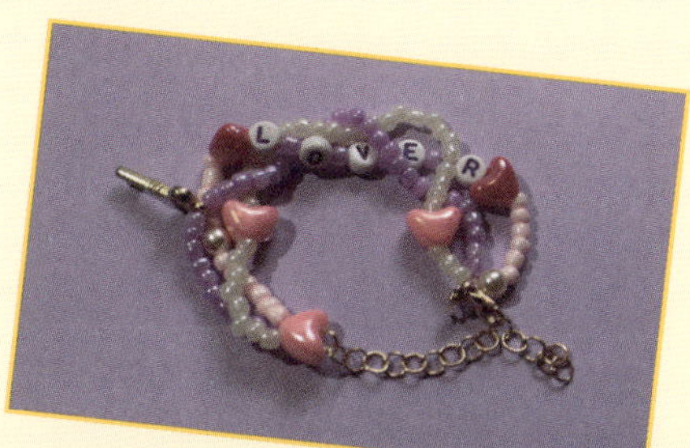

Mit Freundschaft gegen Mobbing

Wie wir bereits in einem früheren Kapitel erfahren haben, ist Taylor in ihrer Schulzeit lange Zeit eine Außenseiterin. Ihre Mitschüler bezeichnen sie als seltsam und nervig. Manche Schultage vergehen, ohne dass die Sängerin ein Wort mit jemandem wechselt. Trotzdem gibt sie die Hoffnung nicht auf, dass es irgendwann besser wird.

Das bestätigt sich, als sie ein paar Jahre später ihre beste Freundin Abigail kennenlernt. Die beiden werden unzertrennlich und erleben ihr erstes gemeinsames Schuljahr. Die Erlebnisse hält Taylor später in ihrem Song »Fifteen« fest, der auf ihrem zweiten Album *Fearless* zu finden ist.

You sit in class next to a red-head named Abigail	Du sitzt im Unterricht neben einer Rothaarigen namens Abigail
And soon enough you're best friends	Und schon bald seid ihr beste Freundinnen
Laughing at the other girls	Lacht über die anderen Mädchen
Who think they're so cool	Die denken, sie seien so cool
We'll be out of here as soon as we can	Wir verschwinden hier, sobald wir können

Obwohl die Mädchen nun einander haben, hat die Zeit als Außenseiterin bei Taylor Spuren hinterlassen. »Selbst als Erwachsene habe ich noch Flashbacks davon, wie ich allein am Mittagstisch sitze oder wie ich mich auf der Toilette verstecke oder wie ich versuche, neue Freunde zu finden, und dafür ausgelacht werde«, erklärt sie gegenüber der Zeitschrift *Elle*.

»Erkenne die Narben deiner Kindheit und arbeite daran, sie zu überwinden.«

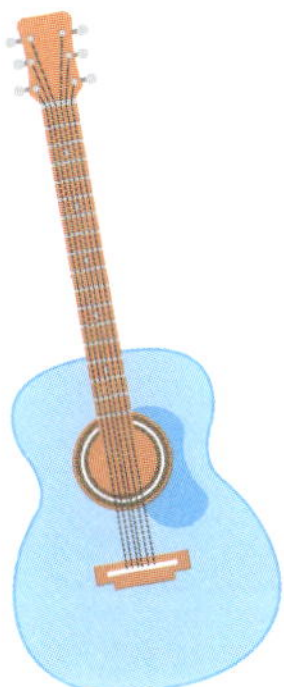

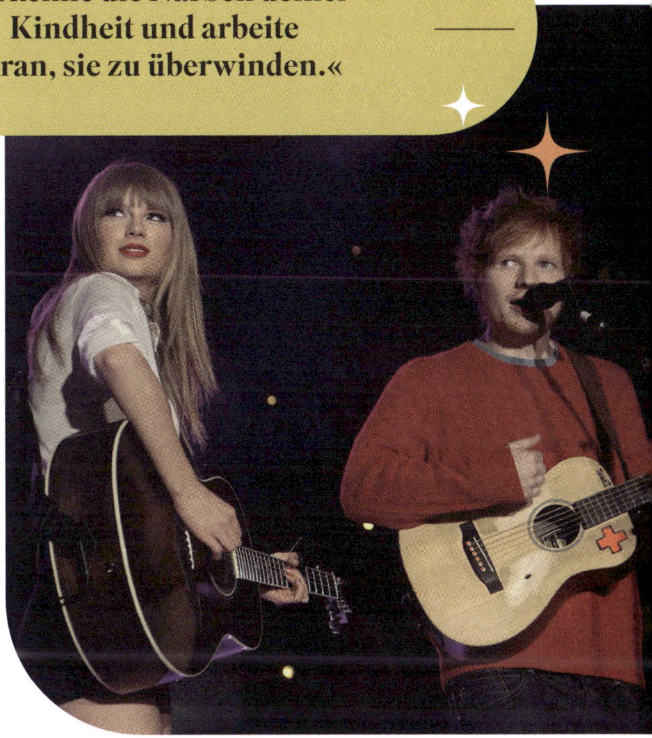

Tatsächlich stellt sie im jungen Erwachsenenalter schmerzlich fest, dass das Mobbing nicht unbedingt mit dem Schulabschluss endet; nur das Setting ändert sich. Die wohl populärste und anhaltendste öffentliche Schikane erlebt sie, wie bereits erwähnt, durch Kanye West – und die beginnt bereits 2009.

Am 19. September 2009 findet in der New Yorker Radio City Music Hall die Verleihung der MTV Video Music Awards statt. Neben Superstars wie Beyoncé, Lady Gaga und Britney Spears ist auch eine Künstlerin nominiert, die im Popuniversum relativ neu ist: Country-Sängerin Taylor Swift. Ihr Musikvideo zu »You Belong With Me« hat Chancen darauf, den Preis für das »Best Female Video« einzuheimsen.

Ihre erste Einladung zum »großen Ball«, der sich VMAs nennt, feiert die damals 19-Jährige gebührend: Zwei weiße Pferde ziehen die gläserne Kürbiskutsche, in der Taylor vor den roten Teppich gefahren wird. Sie trägt ein silberfunkelndes Kleid, die blonden Locken elegant hochgesteckt. Die Musikerin strahlt in die Kameras, winkt den Fans und wirkt überglücklich über ihren gelungenen Eintritt in die Welt der Popmusik.

Tatsächlich soll dieser im weiteren Verlauf des Abends von einem Award gekrönt werden. Sie gewinnt in ihrer Kategorie und schlägt damit ihre Konkurrentinnen Kelly Clarkson, Lady Gaga, Katy Perry, Pink und Beyoncé. Letztere ist für ihr hochgelobtes Video zu »Single Ladies (Put A Ring On It)« auch in der prestigeträchtigeren Kategorie »Video Of The Year« nominiert, deren Gewinner zu diesem Zeitpunkt noch nicht bekannt gegeben wurde. Groll über Taylors Gewinn hegt zu diesem Zeitpunkt also kaum jemand, da klar ist: Beyoncé ist noch im Rennen. Doch Kanye West sieht das anders.

Zunächst geht die sichtlich überraschte Taylor strahlend auf die Bühne und nimmt ihren Award entgegen. Sie bedankt sich überschwänglich und kann den Blick kaum vom »Moon Man« in ihren Händen abwenden. »Ich habe immer davon geträumt, wie es wohl sein würde, eines Tages einen dieser Awards zu gewinnen, aber ich habe nie wirklich geglaubt, dass das passieren würde«, erklärt sie in ihrer Dankesrede. Ein rührender Moment – der jedoch von Kanye unterbrochen wird, der die Bühne stürmt, ihr das Mikrofon entreißt und erklärt: »Yo, Taylor, ich freue mich wirklich für dich und lass dich gleich ausreden. Aber Beyoncé hatte eines der besten Videos aller Zeiten!«

»Ich habe gelernt, dass es keinen Sinn hat, seine Feinde aktiv besiegen zu wollen. Der Müll bringt sich jedes Mal von selbst raus.«

Schon auf dem roten Teppich war Kanye mit einer Flasche Cognac in der Hand fotografiert worden, von der er offensichtlich mehr als nur einen kleinen Schluck genommen hatte. Doch auch wenn seine Trunkenheit den Fauxpas vielleicht erklärt, mindert sie nicht den Effekt, den er auf das Publikum hat: Während die schockierte Beyoncé sichtlich unangenehm berührt ist, beginnen einige andere Gäste, den Rapper auszubuhen.

Nur eine bleibt während all dem ganz still: Taylor Swift. Sie interpretiert die Buhrufe fälschlicherweise als Angriff gegen sich. Hinter der Bühne kann sie ihre Tränen nicht mehr zurückhalten und absolviert ihre folgende Live-Performance mit zittriger Stimme. Einen kleinen Trost gibt es dann aber doch: Als Beyoncé zu einem späteren Zeitpunkt den Award für »Single Ladies« erhält, überlässt sie Taylor die Bühne, damit diese ihre Rede zu Ende bringen kann. Ein Moment, der in die Geschichte der Popkultur eingeht.

Kanye, der nach seiner Aktion von den Showproduzenten vor die Tür begleitet wird, entschuldigt sich im Anschluss öffentlich auf seinem Blog. Zunächst scheint zwischen den beiden Künstlern alles wieder gut zu sein. So entpuppt sich Taylors vermeintlicher Rachesong »Innocent« als Ode ans Verzeihen. Immer wieder werden sie und Kanye freundschaftlich zusammen fotografiert. 2015 überreicht die Sängerin dem Rapper sogar den »MTV Video Vanguard Award«.

Doch nur ein Jahr später wendet sich das Blatt erneut, als Kanye West den Track »Famous« veröffentlicht. Was dann passiert, wissen wir bereits: eine Hetzjagd durch die Medien, die Taylor später berechtigterweise als »Hasskampagne« bezeichnen wird.

In dieser Situation wird der Künstlerin umso deutlicher, **wie wichtig echte Freunde sind**. Solche, denen es egal ist, ob man gerade von aller Welt geliebt oder gehasst wird. Insbesondere in einer Zeit, in der viele völlig unerwartet »gecancelt« werden. Zum Glück erlebt sie zur selben Zeit endlich den freundschaftlichen Zusammenhalt, den sie sich schon seit ihrer Kindheit gewünscht hat.

Taylors »Girl Squad«, wie die Clique von den Medien getauft wird, gibt es zu dem Zeitpunkt schon zwei Jahre. Der Freundeskreis, bestehend aus bekannten Persönlichkeiten wie Selena Gomez, Gigi Hadid, Cara Delevigne, Karlie Kloss und Hayley Williams, feiert mit ihr den amerikanischen Unabhängigkeitstag, geht mit ihr essen und unternimmt Roadtrips. »Ich glaube,

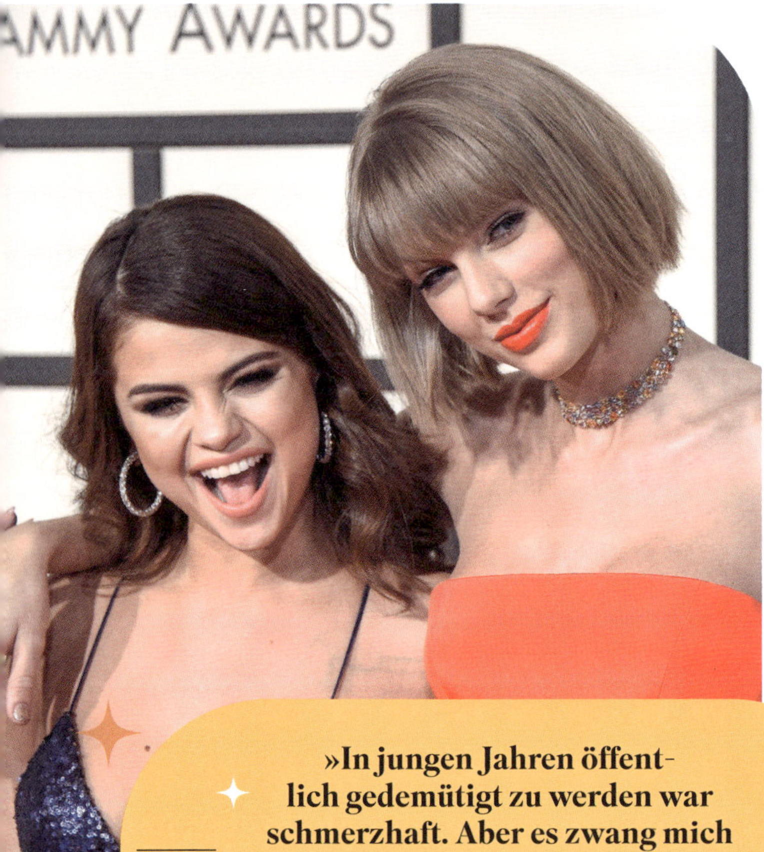

»In jungen Jahren öffentlich gedemütigt zu werden war schmerzhaft. Aber es zwang mich dazu, ständig schwankende Konzepte wie gesellschaftliche Relevanz und Sympathie zu relativieren.«

dass mein Mangel an weiblichen Freundschaften zu Highschool-Zeiten der Grund dafür ist, warum mir genau das heute so wichtig ist. Weil ich das immer wollte. Es war einfach schwer für mich, Freunde zu finden«, erklärt sie in einem Interview.

Worauf die Sängerin Wert legt: **Loyalität und Ehrlichkeit**. Sie hält nichts davon, ihren Freundinnen eine gefilterte Version ihrer selbst zu präsentieren. Taylor vertraut ihnen auch ihre intimsten Geheimnisse an – und wird nie enttäuscht. Ihre Freunde verraten nichts an die Presse. Auch romantische Beziehungen kommen den Freundschaften nicht in die Quere. So erklärt Taylor in einem Interview, dass es in ihrer Clique auch Mädels gebe, die bereits denselben Mann gedatet hätten: »Unsere Schwesternschaft ist auf der Prioritätenliste viel weiter oben. Das ist wichtiger als irgendein Kerl, mit dem es nicht geklappt hat.«

Selena Gomez, eine von Taylors besten Freundinnen, zählt seit vielen Jahren zum engsten Kreis der Musikerin. Sie betont die Loyalität, die Taylor ihren Liebsten gegenüber aufbringt. Sie setzt sich bedingungslos für ihre Freunde ein, ist Tag und Nacht erreichbar und versetzt Berge, wenn es ihnen schlecht geht. »Sie hat mir Jahr für Jahr und in jedem Moment meines Lebens bewiesen, dass sie eine meiner besten Freundinnen auf der Welt ist«, erzählt Selena in einem Interview.

Freundschaften wie die mit Selena bleiben Taylor jahrzehntelang erhalten, während andere im Laufe der Jahre enden. Ein normaler Prozess, wie sie weiß: »Es ist traurig, aber **manchmal, wenn man erwachsen wird, wächst man aus Beziehungen heraus**. Man lässt solche Freundschaften vielleicht hinter sich, aber die Erinnerungen bleiben für immer.«

Ausgerechnet der Song »Bad Blood«, in dessen Girl-Power-Musikvideo unzählige Mitglieder der »Girl Squad« zu sehen sind, scheint eine weniger bestärkende Sprache zu sprechen. Als dieser im Jahr 2014 auf dem Album *1989* landet, steht schnell die Frage im Raum, um wen es im Text geht. Einigermaßen kryptisch antwortet die Künstlerin gegenüber dem *Rolling Stone*, der Titel handele von einer anderen Frau aus dem Musikbusiness. Diese habe versucht, Taylors Tour zu sabotieren, indem sie ihr ihre Mitarbeiter ausgespannt hätte.

Obwohl sie keinen expliziten Namen nennt, sind sich die Medien einig: Hiermit muss Katy Perry gemeint sein. Tatsächlich beginnt mit der Veröffentlichung des Songs eine ganze Reihe von (sowohl direkten als auch indirekten) Schlagabtäuschen zwischen den Popstars. So verteidigt Katy sich, ihre Tänzer selbst seien es gewesen, die den Wunsch geäußert hätten, zu Perry zurückkehren zu können, sobald diese auf Tour gehe. Deshalb sei diese Klausel in ihren Verträgen extra eingebaut worden. Eine Erklärung, von der Taylor zunächst nichts wissen möchte.

Ganze vier Jahre dauert es, bis sich die beiden Frauen wieder annähern. Es ist Katy, die ihrer Konkurrentin zum Auftakt der *reputation*-Tour ein Symbol des Friedens zukommen lässt: Sie schickt ihr einen Olivenzweig. Taylor scheint sich auf das Angebot einzulassen, denn nur ein Jahr später taucht Katy im Musikvideo zu »You Need To Calm Down« auf. Sie ist darin als Hamburger verkleidet (wortwörtlich als »beef«, im Englischen auch ein Synonym für Streit) und liegt ihrer Nun-wieder-Freundin Taylor, als Pommes frites verkleidet, in den Armen. Den Lyrics entsprechend beweisen die Künstlerinnen, dass **Zusammenhalt und gegenseitige Unterstützung** wichtiger sind als aufgeblasene Dramen, die aus fehlender Kommunikation entstehen.

In einem Interview mit Ellen DeGeneres erklärt Katy später: »Mir geht es immer um Wiedergutmachung, Vergebung und darum, jüngeren Menschen zu zeigen, dass es in Ordnung ist, um Vergebung zu bitten und darüber zu reden, wenn man mit jemandem ein Problem hat.« Ende gut, alles gut.

Romantische Beziehungen

Kaum eine andere Musikerin musste sich in den letzten Jahren so viele öffentliche Kommentare, Kritik und Theorien über ihr Liebesleben anhören wie Taylor Swift. Wir wollen uns den unsinnigen Aufzählungen und zynischen Timelines der Klatschpresse in diesem Kapitel nicht anschließen, sondern stattdessen beleuchten: Woher kommt diese Übergriffigkeit der Medien? Wie geht Taylor damit um? Und was ist ihr in romantischen Beziehungen überhaupt wichtig?

In ihrer Kindheit und Jugend träumt Taylor, wie viele Mädchen, von der großen Liebe. Vom edlen Prinzen, der auf einem weißen Pferd daherkommt und das Leben schöner macht. Was sie von den anderen Mädchen unterscheidet: Sie beginnt schon früh mit dem Songschreiben – und hält dort ihre Vorstellungen von der großen Liebe fest, lange bevor sie tatsächlich in ihrer ersten Beziehung steckt. Ihre Inspiration zieht sie aus Büchern oder Filmen. Ihre Fans können sich mit Taylors Texten trotzdem wunderbar identifizieren.

Als die Sängerin dann wirklich erste Beziehungserfahrungen macht, steht sie bereits mitten im Rampenlicht. Wie jeder junge Mensch erkennt auch Taylor, dass sich das magische Konzept von »glücklich bis ans Ende ihrer Tage«

»Du musst an Liebesgeschichten und Märchenprinzen und an ein Happy End glauben. Darum schreibe ich diese Songs. Weil Liebe furchtlos ist.«

leider nicht auf die Realität übertragen lässt. Sie erfährt **Enttäuschungen und Herzschmerz**. Beim Komponieren nimmt sie jedoch weiterhin kein Blatt vor den Mund und schreibt über alles, was ihr widerfährt. »Irgendwie habe ich kein Problem damit, in Liedern über mein Privatleben zu schreiben. Ich halte mich da nicht zurück: Namen, Daten, wo wir genau waren und wie sich das angefühlt hat, was ich gerne in dem Moment zu ihnen gesagt hätte«, erklärt die Künstlerin 2010 in einem Interview.

In ihrer bisher recht unbedarften Vorstellung von Gut und Böse gibt sie zu Protokoll, sie verfasse böse Songs nur über die Leute, die es verdient hätten. Unvergessen ist ihr Zitat von 2008, als die junge Taylor bei Talkmasterin Ellen DeGeneres auf der Couch sitzt und über ihren Herzschmerz sagt: »Wenn ich irgendwann die Person finde, die für mich die richtige ist, wird derjenige wundervoll sein. Und dann schaue ich diese Person an und werde mich gar nicht mehr an den Jungen erinnern können, der am Telefon in 25 Sekunden mit mir Schluss gemacht hat, als ich 18 war.« Jahre später bezeichnet sie ihre Songs aus dieser Zeit als brutal ehrliche, ungefilterte tagebuchartige Bekenntnisse.

Diese Ehrlichkeit mutiert in Kombination mit der medialen Aufmerksamkeit, die sie erhält, zu einer explosiven Mischung. Je mehr Alben sie veröffentlicht, desto häufiger werden ihr Fragen zur Bedeutung einzelner Lieder gestellt. Mit jeder Antwort, sei sie nun direkt oder eher kryptisch formuliert, wächst die vermeintliche Legitimation für all die Spekulationen über ihr Privatleben.

Bereits zwei Jahre später präsentiert Taylor mit ihrem dritten Album *Speak Now* eine deutlich reflektiertere Ver-

> **»Es gibt diesen Ritt in den Sonnenuntergang nicht wirklich, weil die Kamera im wahren Leben immer weiterläuft.«**

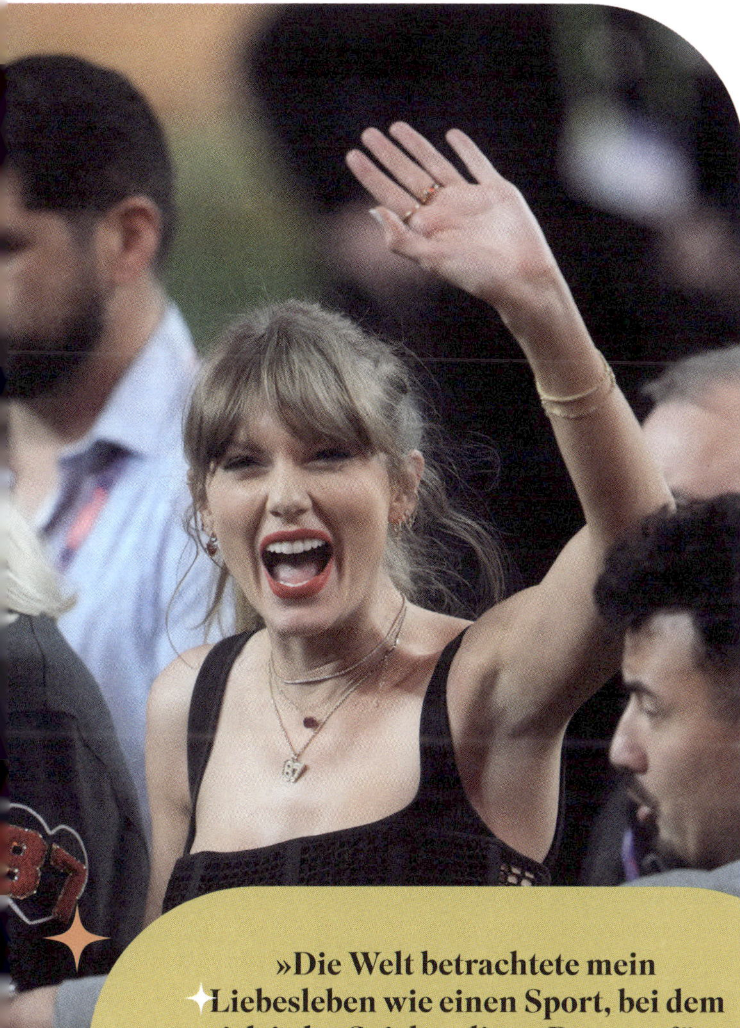

»Die Welt betrachtete mein Liebesleben wie einen Sport, bei dem ich jedes Spiel verliere. Das war für mein junges Dating-Leben nicht gut, lehrte mich aber, mein Privatleben mit aller Kraft zu schützen.«

sion ihrer selbst. So entschuldigt sie sich zum Beispiel auf »Back To December« bei ihrem Ex-Freund für ihr Verhalten und wünscht, sie könne die Zeit zurückdrehen und es besser machen. Doch die Tatsache, dass sie in ihren Zwanzigern (wie viele Gleichaltrige übrigens) verschiedene Männer datet, genügt der Öffentlichkeit, um ein ganz anderes Bild von ihr zu zeichnen.

Spätestens als 2012 ihre Platte *Red* erscheint, haben die Medien ihr endgültig den Stempel der verrückten, liebestollen Verflossenen aufgedrückt. Immer wieder werden Taylors Beziehungen öffentlich ausgeschlachtet und es wird spekuliert, welche Songs von welchem berühmten Ex-Freund handeln könnten.

Ihre Antwort darauf ist einfach: Sie schwört dem Dating ab und lässt sich jahrelang nicht mehr mit Männern ablichten. Und das hat einen ausgesprochen positiven Effekt auf ihr Leben: Die Sängerin erkennt, dass sie **glücklicher ist als je zuvor**. Sie schwört sich, dass sie sich nie wieder auf eine Beziehung einlässt, für die sie sich verbiegen muss oder sich von ihren Freunden distanzieren soll.

Mit der Arbeit an *1989* findet sie im Umgang mit ihren Beziehungen eine neue Reife, die das einstige Schwarz-Weiß-Denken ablöst. In Interviews erzählt sie von der Erkenntnis, dass Beziehungen viel zu komplex und vielschichtig seien, um bloß dem einen oder anderen Partner die Schuld zuschieben zu können, sobald etwas schiefgehe. Sie beschreibt ihre neue Perspektive auf romantische Beziehungen als realistischer: »Selbst wenn man in der richtigen Beziehung steckt, wird man immer täglich dafür arbeiten müssen, damit sie funktioniert.«

»Sie verlor ihn, fand dafür aber sich selbst und irgendwie war das das einzig Wichtige.«

Dieser neue Blickwinkel spiegelt sich auch in ihrer Musik wider: So wird »Blank Space« zum Beispiel zur selbstironischen Hymne, in der sie sich all die Medienvorwürfe zunutze macht und damit spielt. Als Taylor Jahre später mit Joe Alwyn zusammenkommt, behält sie die Distanz zur Öffentlichkeit bei: Sie verliert zunächst kein Wort über ihre Beziehung, Paparazzi-Fotos von den beiden zusammen sind selten. Ihre Beziehung soll für die Medien nicht zur Diskussion stehen, also schweigt sie. 2023 kommt es trotzdem zur Trennung.

Im Sommer desselben Jahres wird ihre Beziehung zum American-Football-Spieler Travis Kelce bekannt. Obwohl sich die beiden häufig zusammen zeigen (so besucht Taylor seine Spiele der Kansas City Chiefs, während er bei ihren Konzerten zu Gast ist) und Travis in seinem Podcast über die Beziehung spricht, bleibt sie weiterhin still und genießt die junge Liebe lieber für sich.

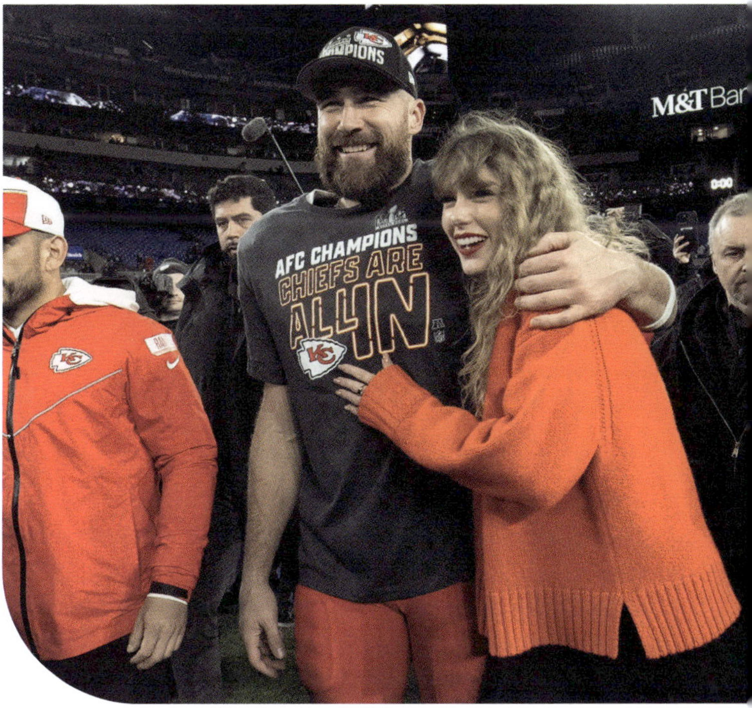

Doch worauf legt die Sängerin in einer Beziehung eigentlich Wert?

Ehrlichkeit und Vertrauen

Die eindeutig wichtigsten Säulen jeder Beziehung sind Ehrlichkeit und Vertrauen. Der Partner sollte immer der Mensch sein, auf den man sich bedingungslos verlassen kann. Insbesondere, wenn man so im Rampenlicht steht wie Taylor, ist blindes Vertrauen essenziell.

Authentizität und Selbstbestimmung

Für Taylor gibt es nicht Schlimmeres, als aus einer Beziehung zu kommen und festzustellen: Ich habe mich völlig verändert, um meinem Partner zu gefallen. Also schwört sie sich, niemals mehr eine Beziehung einzugehen, in der sie nicht sie selbst sein kann. Sie legt Wert darauf, ihre Freunde und Familie auch während einer Beziehung nicht zu vernachlässigen. Denn die sind es, die am Ende einer gescheiterten Beziehung ihre Tränen trocknen.

Realismus und Dankbarkeit

Mit wachsender Lebenserfahrung hat Taylor einen realistischeren Blick auf die Liebe gewinnen können, der deutlich weniger romantisch verklärt ist als zu den Märchenschloss-Zeiten von Fearless. In Bezug auf ihren Song »Wildest Dreams« vom Album *1989* erklärt sie, dass manche Beziehungen trotz gegenseitiger Sympathie und Liebe nicht funktioniert hätten. Anstatt also selbstverständlich davon auszugehen, dass man mit dem Partner für immer und ewig zusammen bleibt, kann es auch sinnvoll sein, einfach den Moment zu genießen.

Begeisterungsfähigkeit und Leidenschaft

Taylor versteht schon früh, dass es beim perfekten Partner nicht darauf ankommt, wie cool er ist oder welches Auto er fährt. Viel wichtiger ist es, jemanden zu finden, der eigene Ziele verfolgt und sich für Dinge begeistern kann. Für sie sind Menschen, die lieben, was sie tun, die attraktivsten.

Doch braucht es überhaupt einen Partner, um ein erfülltes Leben zu führen? Auch hierauf hat sie eine recht eindeutige Antwort. Obwohl die Sängerin in ihren Zwanzigern auf der Suche nach dem passenden Partner selbst rege gedatet hat, sieht sie die Dinge einige Jahre später etwas anders.

Liebeskummer kann sehr schmerzhaft sein. Laut Taylor kann er sich sogar anfühlen wie ein Drogenentzug. »Es ist nicht einfach nur irgendeine Routine, die du dir abgewöhnst. Es ist so, als würdest du jede einzelne Minute des Tages eine Gewohnheit ablegen müssen. Es ist kräftezehrend«, erklärt sie in einem Interview.

Um diesen Kummer zu verkraften, kann es also durchaus sinnvoll sein, sich eine Zeit lang nur auf sich zu konzentrieren, anstatt ständig auf der Suche nach dem perfekten Partner zu sein – genau so, wie es Taylor selbst in den 2010er-Jahren lebt. So macht sie klar: Sie braucht keinen Mann an ihrer Seite, um gute Musik zu schreiben, um ihr Leben zu leben oder um sich gut zu fühlen. **Das Leben kann auch allein schön sein. Lerne, dich in das Leben an sich zu verlieben. In die Zeit mit deinen Freunden und ins Lernen neuer Dinge.** Diese Message möchte sie auch an ihre Fans weitergeben: Ein Partner kann also eine positive Ergänzung zum eigenen Leben darstellen. Nicht dessen Sinn.

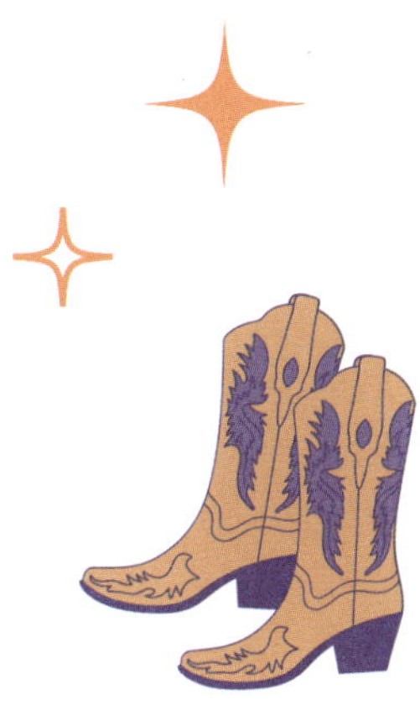

Familienbande

Ohne ihre Familie wäre Taylor niemals dorthin gekommen, wo sie heute ist. Das betont sie in Interviews und Dankesreden immer wieder. Doch wer gehört eigentlich zur Familie Swift? Und in welcher Beziehung stehen diese Menschen zur Sängerin? In diesem Kapitel erfährst du alles über Taylors Verwandtschaft.

Die Familiengeschichte der Swifts beginnt am 20. Februar 1988, als Andrea Gardner Finlay, Marketingmanagerin in einer Werbeagentur, dem Börsenmakler und Finanzberater Scott Kingsley Swift im texanischen Harris County das Ja-Wort gibt. Rund anderthalb Jahre später, am 13. Dezember 1989, erblickt ihre Tochter Taylor Alison Swift das Licht der Welt. Am 12. März 1992 wird ihr jüngerer Bruder Austin Kingsley geboren.

Schon mit der Namensgebung sagen die Eltern ihrer Tochter gewissermaßen eine erfolgreiche Karriere voraus, denn der Name »Taylor« kommt nicht von ungefähr: Scott und Andrea benennen ihre Tochter nach dem amerikanischen Musiker James Taylor. Außerdem glauben sie, dass ihr Nachwuchs mit einem androgynen Namen, der für Jungs und Mädchen gleichermaßen funktioniert, einen Vorteil in der Geschäftswelt hat.

»Wir alle sind Flickenteppiche aus denen, die uns geliebt, an unsere Zukunft geglaubt, uns Mitgefühl entgegengebracht oder uns die unangenehme Wahrheit gesagt haben.«

Wenn man so will, sind Taylors Eltern Andrea und Scott die allerersten Swifties. Als ihre kleine Tochter im Alter von gerade einmal drei Jahren anfängt zu singen, staunen die beiden nicht schlecht. Auch in den kommenden Jahren reißt die Musikbegeisterung ihrer Erstgeborenen nicht ab und den Eltern wird klar: Wir wollen unsere Tochter unterstützen. Sie legen dabei jedoch großen Wert darauf, dass Taylor bodenständig bleibt. Es ist ihnen wichtig, dass ihr Streben nach einer Musikkarriere auf den richtigen Gründen fußt. Hätte ihre Tochter einfach nur berühmt, reich oder ein Star sein wollen, wären die Swifts vermutlich nicht nach Nashville gezogen.

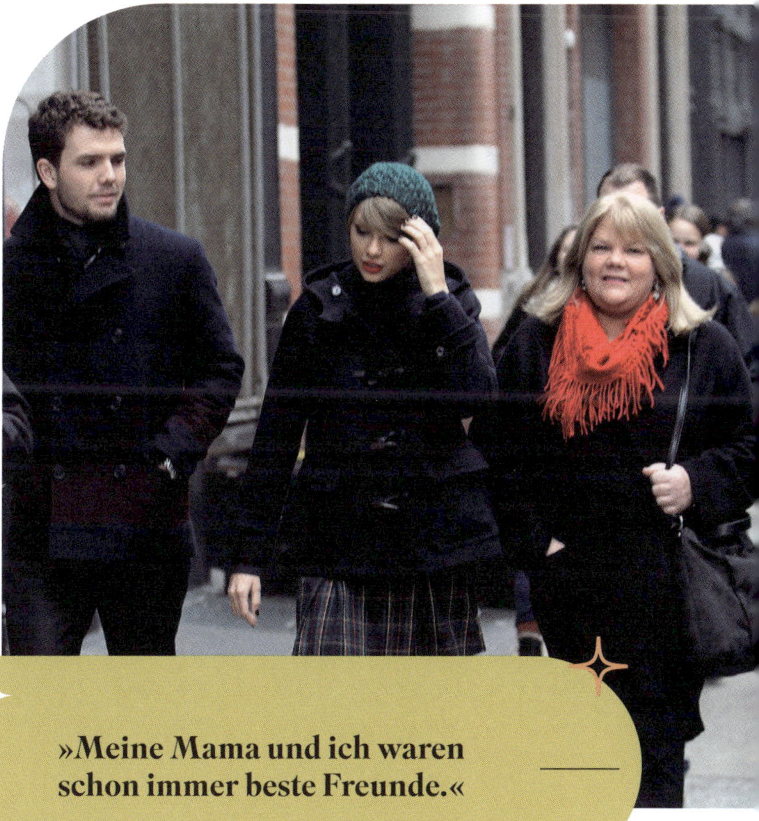

»Meine Mama und ich waren schon immer beste Freunde.«

Außerdem stimmen sie einem Umzug erst zu, als klar ist, dass Papa Scott seinen Job auch von dort ausführen kann. »Ich wollte nie, dass der Umzug auf ihren Schultern lastet«, erklärt Andrea in einem Interview. »Denn es wäre schrecklich für sie gewesen, solche Schuldgefühle oder den Druck mit sich herumzutragen, wenn es mit der Karriere nicht geklappt hätte.«

Andrea Swift

So kommt es auch, dass Taylors Familie, wie bereits im Kapitel über Zielstrebigkeit erwähnt, nicht direkt nach Nashville zieht, sondern in den Nachbarort Hendersonville. Andrea behält stets ein wachsames Auge auf das Wohlergehen ihrer Tochter. Selbstverständlich kommt es auch zwischen Andrea und Taylor zu Auseinandersetzungen. Doch die lassen sich ganz schnell lösen. Als ehemalige Marketing-Managerin und Tochter einer Opernsängerin bringt Mama Swift eventuell den richtigen Riecher mit, wenn es um das Musikbusiness geht.

Sie weicht ihrer Tochter nur selten von der Seite, insbesondere in den frühen Tagen ihrer Karriere. Auf ihrer ersten großen *Fearless*-Tour malt Andrea Taylor jeden Abend vor dem Auftritt ihre Glückszahl 13 auf die Hand. Sobald die Show losgeht, positioniert sie sich neben dem Mischpult, um Taylor zu signalisieren: Ich bin für dich da. In der Tour-Dokumentation hält Mama Swift fest, wie stolz sie auf ihre Tochter ist: »Manchmal schaue ich diese junge Frau an und alles, was sie erreicht hat, und sehe das kleine Mädchen im Rückspiegel mit ihren großen blauen Augen in ihrem Kindersitz. Und dann denke ich: Das ist mein Baby.«

Ihre Qualitäten als Tour-Mama weitet Andrea aus, als sie beginnt, Backstage-Touren für ausgewählte Swifties zu geben. Dafür begibt sie sich allabendlich in die Menge, um einige Fans auszuwählen. Diese erhalten dann einen Backstage-Pass und werden von Mama Swift höchstpersönlich durch den heiligen Backstage-Bereich geführt.

In diesen Tagen entsteht auch der Song »The Best Day«, den Taylor der wundervollen Beziehung zu ihrer Mutter widmet. Im Text lässt sie verschiedene

Erinnerungen aus ihrer Kindheit wieder aufleben, die deutlich machen: Das Band zwischen Mutter und Tochter kann niemand kappen. Andrea kann erst gar nicht glauben, dass sie dieses Lied nur für sie geschrieben hat. Als sie den Track zum ersten Mal hört, glaubt sie sogar, er sei nicht von ihrer Tochter: »Was für ein wunderschönes Lied. Wo hast du es gefunden? Der klingt ja genau so wie die Dinge, die wir erlebt haben.«

Taylor antwortet nur: »Mama, ich habe ihn geschrieben und heimlich aufgenommen. Das *sind* unsere Erinnerungen.« Der Text macht Andrea so emotional, dass er letztlich sogar aus der Setlist der Tour gestrichen wird – zu sehr muss sie jedes Mal weinen, wenn ihre Tochter das Stück live spielt.

Im Jahr 2015 erleidet Familie Swift einen herben Rückschlag, als sie von Andreas Krebserkrankung erfährt. Taylor teilt damals einen emotionalen Post auf tumblr, der ihren Fans die Situation erklärt. Sie beschreibt, dass sie solche Ereignisse normalerweise für sich verarbeitet und in Songs verpackt, dass es dieses Mal jedoch wichtiger ist, den Fans die Nachricht sofort mitzuteilen. Sie betont, dass ihre Mutter selbst wollte, dass die Swifties von ihrer Krebserkrankung erfahren, damit sie sich nicht wundern, wenn Andrea auf der nächsten Tour nicht so viele Konzerte besucht. »Sie hat einen wichtigen Kampf zu kämpfen.«

»Jeder liebt seine Mama und jede Mama ist wichtig. Aber für mich ist sie die treibende Kraft. Bei fast jeder Entscheidung, die ich treffe, spreche ich zuerst mit ihr.«

Diesen Kampf gewinnt sie auch vorerst, bis der Krebs einige Jahre später zurückkommt. In ihrem Essay für *Elle* hält Taylor fest, wie die Erkrankung ihre Perspektive zurechtgerückt habe: »Es hat mich gelehrt, dass es echte

Probleme gibt und alles andere. Der Krebs meiner Mutter ist ein echtes Problem. Früher habe ich mir viele Sorgen über alltägliche Dinge gemacht. Jetzt widme ich all meine Sorgen, meinen Stress und meine Gebete den echten Problemen.« Die Krankheit erinnert alle schmerzlich daran, die **gemeinsamen Momente zu genießen**. Sie nicht als selbstverständlich zu betrachten.

Dennoch verarbeitet die Künstlerin die Krebserkrankung ihrer Mutter auch in einem Song. »Soon You'll Get Better« vom Album *Lover* handelt von den Hoffnungen und Ängsten der Sängerin, die sie gemeinsam mit Mama Swift durchsteht. Dass er auf der Platte landet, ist eine gemeinsame Entscheidung der Familie. Ihn anhören oder gar live performen kann Taylor jedoch nicht – er ist einfach zu emotional.

Scott Swift

Taylors Vater Scott ist ebenfalls immer zur Stelle, wenn es darum geht, seine Tochter zu unterstützen. Während er in den frühen Anfängen oft zu Hause bleibt, damit er sich um Söhnchen Austin kümmern kann, begibt er sich später mit auf Tour. Hier ist er vor allem für Spaß und Leichtigkeit verantwortlich. So erzählt Taylor zum Beispiel eine Anekdote, in der sie friedlich durch die Lobby eines Hotels geht. Es ist mucksmäuschenstill, bis plötzlich eine Stimme aus dem Nirgendwo brüllt: »HEY! DAS IST TAYLOR SWIFT!« Wer da so frenetisch ihren Namen schreit? Papa Scott. Natürlich kann sie über den Spaß ihres Vaters lachen: »Es ist unbezahlbar, meinen Papa hier bei mir zu haben.«

»Mein Papa ist ein geselliger Mensch und liebt es, auf Tour zu sein. Er findet es total witzig, mich so oft wie möglich zu blamieren.«

Außerdem kümmert auch er sich liebevoll um die Fans seiner Tochter. So versorgt er Swifties zum Beispiel gern mit Pizza, wenn sie stundenlang warten, um ihr Idol live zu sehen. Taylor beschreibt ihren Vater als leidenschaftliche Person. Seine begeisterungsfähige Art wirkt so ansteckend, dass sie schon im Alter von acht Jahren beruflich unbedingt dasselbe machen möchte wie ihr Vater – Finanzberatung.

Austin Swift

Taylors Bruder Austin ist wie seine Schwester ein Multitalent. Und in seiner Kindheit fühlt er sich genau wie sie oft ausgegrenzt. In der Schule hat er kaum Freunde, wiegt zeitweise 125 Kilo. Er flüchtet sich in die schillernde Welt der Filme. Die begeistert ihn so sehr, dass er sich sogar entscheidet, Film zu studieren und an die Universität von Notre Dame zu gehen. Nachdem er das Studium 2015 beendet hat, startet er eine Karriere in der Unterhaltungsindustrie. So übernimmt er ab 2016 Rollen in verschiedenen Filmen und Fernsehserien, fungiert jedoch auch als Produzent für einige von Taylors Musikvideos.

Seine Schwester unterstützt und bewundert er zutiefst. Auf seinem Instagram-Account teilt er immer wieder herzerwärmende Texte über sie: »Ich hatte immer eine beste Freundin, ein Vorbild und eine fürsorgliche, unermüdliche, engagierte Mitstreiterin in meiner Ecke. Du hast mich aus Feuern gezogen und auf Berge getragen.« Das ist wahre Geschwisterliebe.

Taylors Großeltern

Wer in Taylors Diskografie aufmerksam zuhört, kann auch einige Songs über ihre Großeltern entdecken. Sowohl ihre Großeltern väterlicherseits, Rose und Archie Dean Swift, als auch mütterlicherseits, Marjorie und Robert Finlay, hat die Sängerin auf ihren Alben verewigt.

Eindeutig zuordnen lässt sich »Marjorie« vom Album *evermore*, das offensichtlich Taylors Oma gewidmet ist. Im Text bringt Taylor ihr Bedauern zum Ausdruck, dass sie die Zeit mit ihrer Großmutter nicht ausreichend genutzt hat. Ein Gefühl, das viele Enkelkinder kennen, die ihre Großeltern verloren haben. Doch in dem Lied finden Taylor und Marjorie noch einmal zusammen: Im Hintergrund wird eine Aufnahme von Marjories Operngesang eingespielt.

Auf der Platte bekommt der Titel den Platz 13 – dieselbe Stelle, auf der beim Geschwisteralbum *folklore* der Song »epiphany« zu finden ist. Dieser handelt von Taylors Opa väterlicherseits. Archie Dean dient seinem Land im Zweiten Weltkrieg zunächst als Gefreiter, später als Oberstleutnant. Seine Erfahrungen mit dem Krieg verarbeitet die Künstlerin in ein Lied, das clever aufgebaut ist: Während es zunächst eindeutig um Kriegsleid geht, handelt der zweite Teil von den traumatischen Erfahrungen, die Krankenschwestern in der Coronapandemie durchmachen müssen.

Familie auf vier Pfoten

Taylor gehört zur stolzen Riege der verrückten Katzenladys. Gleich drei Fellnasen haben das große Glück, sich zur Swift-Familie zählen zu dürfen: Da wäre zunächst die Erstgeborene Meredith Grey, benannt nach einer *Grey's Anatomy*-Ärztin. Die weißgrau gestreifte Scottish Fold adoptiert Taylor bereits im Oktober 2011. Von ihrer Besitzerin wird sie als sehr entspannt und zutraulich beschrieben.

Die zweite im Bunde ist Olivia Benson, ebenfalls eine Scottish-Fold-Katze, die nach der Hauptdarstellerin aus der TV-Serie *Law & Order* benannt ist. Olivia ist seit 2014 Teil der Familie und seitdem in mehreren Werbespots und Musikvideos aufgetaucht. Darüber hinaus hatte sie sogar eine eigene Merchandise-Kollektion.

Das jüngste Familienmitglied ist Benjamin Button. Taylor adoptiert die Ragdoll-Katze 2019, als sie den Kater am Set eines Musikvideos kennenlernt. Die fotogene Pfote erlebt 2023 erneut öffentliches Interesse, als Benjamin mit Taylor für das Cover des *Time Magazine* abgelichtet wird. Katze möchte man sein!

Taylors Heldinnen

Im Laufe der letzten Jahrzehnte konnte sich Taylor Swift eine große, treue Fangemeinde erarbeiten, die sich von ihrer Musik und ihrer Leidenschaft inspirieren lässt. Doch auch sie selbst hat Idole, zu denen sie aufsieht. Welche das sind und warum Taylor sie bewundert, wollen wir in diesem Kapitel genauer beleuchten.

Dass Taylor aus einer Familie voller motivierender und inspirierender Personen kommt, haben wir bereits im vorherigen Kapitel erfahren. Darüber hinaus nennt die Musikerin viele Kollegen aus den eigenen Reihen als Vorbilder. So bewundert sie zum Beispiel Paul McCartney für seine unglaubliche Karriere und die von ihm geschaffene Kunst. Sie beschreibt ihn als respektvollen und selbstlosen Künstler, der seine Fans glücklich machen will. Er sei sich nicht zu schade, auch die alten Klassiker zu spielen, wenn die Fans sie hören wollten. Eine Tugend, die Taylor für ihre eigenen Live-Konzerte übernommen hat.

Neben anderen männlichen Künstlern wie Bruce Springsteen und Kenny Chesney nennt Taylor vor allem Frauen als Inspirationsquelle. Ihre erste Erfahrung mit Power-Frauen im Musikbusiness macht die Künstlerin im Alter von sechs Jahren, als sie mit ihren Eltern ein LeAnn-Rimes-Konzert besucht. Darüber hinaus zählen Ikonen wie Dolly Parton, Patsy Cline, Shania Twain, Faith Hill und The Chicks zu Taylors Inspirationen. Einige dieser Frauen wollen wir uns genauer anschauen.

Faith Hill

Name: Audrey Faith Perry
Geburtsdatum: 21.09.1967
Geburtsort: Ridgeland, Mississippi
Verkaufte Alben: ca. 50 Millionen weltweit
Inspiriert Taylor, weil ... sie trotz ihres großen Erfolgs für ihre Freundlichkeit bekannt ist.

Faith Hill wächst als Adoptivkind in der Nähe von Jackson, Mississippi, auf. Ähnlich wie Taylor knüpft sie ihre ersten Kontakte mit der Musik bereits als Kind. Mit neun Jahren besucht sie ein Konzert von Elvis Presley und ist so beeindruckt, dass sie zehn Jahre später beschließt, nach Nashville zu ziehen, um eine Karriere als Musikerin einzuschlagen. Zuerst arbeitet sie als Verkäuferin, später als Sekretärin in einem Musikverlag.

Faiths Gesangstalent wird entdeckt und gefördert, sodass sie Anfang der Neunziger bei Warner unter Vertrag kommt. Ab da geht es steil bergauf:

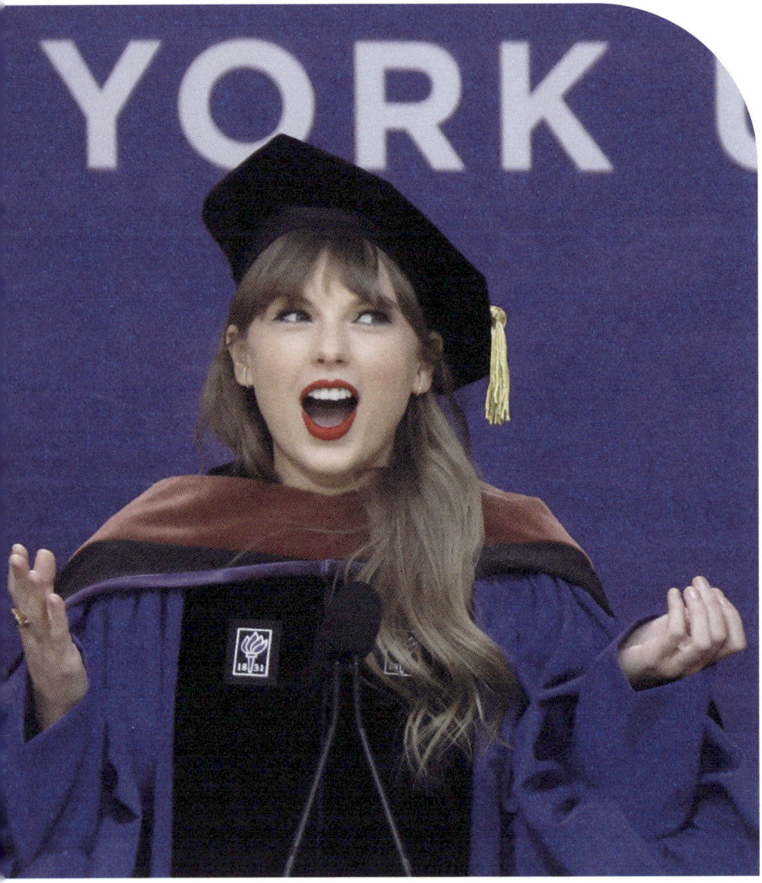

Ihr erstes Album *Take Me As I Am* verkauft sich über zwei Millionen Mal; die zugehörige Single »Wild One« hält sich vier Wochen auf dem ersten Platz der Billboard-Charts. Zu der Zeit ist Faith Hill die erste weibliche Country-Sängerin seit 30 Jahren, der das gelingt. Auch eine Operation an den Stimmbändern hält sie nicht vom Erfolg ab. 1995 veröffentlicht sie ihre zweite Platte, die mit drei Millionen verkauften Einheiten sogar erfolgreicher wird als der Vorgänger.

In den frühen 2000ern schafft Faith es, das Country- mit dem Popuniversum zu verschmelzen, als sie ihr Album *Breathe* herausbringt. Es landet in den Charts beider Welten auf Spitzenpositionen und wird mit einem Grammy ausgezeichnet. Mit dem Song »There You'll Be« für den Film *Pearl Harbor* erreicht sie internationale Erfolge. Heute zählt die Künstlerin, die mit ihrem Country-Kollegen Tim McGraw verheiratet ist, über 25,5 Millionen Albumverkäufe und fünf Grammy-Gewinne. Damit gehört sie zu den erfolgreichsten Country-Sängerinnen überhaupt.

Taylor entdeckt Faith Hill für sich, als sie zehn Jahre alt ist. Sie sieht im Fernsehen Beiträge über die Musikerin und ist begeistert von Faiths Anmut, ihrer Eleganz und ihrer Fähigkeit, Countrymusik einem größeren Publikum nahezubringen. Die Wertschätzung beruht auf Gegenseitigkeit: Faith unterstützt Taylor vom ersten Tag an, sendet ihr Blumen zum Geburtstag oder Kekse, wenn Taylor krank ist.

Shania Twain

Name: Eilleen Regina Edwards
Geburtsdatum: 28.08.1965
Geburtsort: Windsor, Ontario
Verkaufte Alben: ca. 100 Millionen weltweit
Inspiriert Taylor, weil … sie selbstbewusst ist, Unabhängigkeit repräsentiert und Musikwelten zusammenbringt.

Die Biografie der kanadischen Shania Twain ist von Tragik, aber auch von einem eisernen Willen und großem Erfolg geprägt: Als Regina (wie Shania damals noch heißt) zwei Jahre alt ist, lassen sich ihre Eltern scheiden. Ihre Mutter verliebt sich in den Ojibwa-Indianer Jerry Twain, der Regina und ihre Geschwister adoptiert. Durch die daraus resultierende tiefe Verbundenheit zur Ojibwa-Kultur lässt die Künstlerin ihren Namen später offiziell in Shania ändern. Zu Deutsch bedeutet der Name »Sie ist auf ihrem Weg«. Und der Name ist Programm.

In ihrer Kindheit lebt Shanias Familie an der Armutsgrenze. Warme Mahlzeiten sind keine Selbstverständlichkeit. Finanzielle Schwierigkeiten und häusliche Gewalt sorgen dafür, dass sie schon im Alter von acht Jahren in Bars singt, um Geld in die Familienkasse zu spülen. Obwohl das junge Mädchen diese schmuddelige Umgebung hasst, liebt sie das Singen und findet Trost darin.

Nach ihren ersten Band-Erfahrungen erfährt Shania im Jahr 1984 einen kleinen Durchbruch, als der DJ Stan Campbell auf sie aufmerksam wird. Er bringt sie als Backgroundsängerin auf einer von ihm produzierten Platte unter. Country-Sängerin Mary Bailey lernt Shania kennen und ist begeistert von ihrer Stimme. Doch ihre Karriere kommt zu einem jähen Halt, als ihre Eltern im November 1987 bei einem Autounfall ums Leben kommen. Sie kehrt in ihren Heimatort zurück, um sich um ihre jüngeren Geschwister zu kümmern.

1993 startet sie dann endlich durch: Ihr Debütalbum *Shania Twain* erscheint und verkauft sich sofort mehr als eine Million Mal – getoppt wird das direkt zwei Jahre später, als *The Woman In Me* herauskommt und über zwölf Millionen Mal über die Ladentheke geht. Singles wie »You're Still The One« oder »That Don't Impress Me Much« erobern die Spitzen der Pop- und Country-Charts gleichermaßen. Dank poppiger Remixe ihrer Songs erfährt die Sängerin auch in Europa, Australien und Großbritannien Erfolg. Heute gilt Shania Twain als Künstlerin mit den meisten Verkäufen in der Geschichte der Countrymusik.

Taylor liebt Shania neben ihrem Selbstbewusstsein und ihrer Stärke vor allem für ihre mächtigen Songs. In ihrer Kindheit hörte sie ihre Lieder rauf und runter. »[Diese Lieder] sorgen dafür, dass man viermal um den Block rennen möchte, und bringen einen zum Träumen«, erzählt sie in einem Interview.

The Chicks

Namen: Emily Robinson (Gitarre, Dobro, Banjo), Martie Maguire (Geige, Mandoline), Natalie Maines (Gesang, Gitarre)
Gründungsjahr: 1989
Gründungsort: Dallas, Texas
Verkaufte Alben: ca. 33 Millionen
Inspirieren Taylor, weil … sie ihr Ding durchziehen, egal was andere denken.

Als sich The Chicks im Jahr 1989 zusammentun, nennen sie sich Dixie Chicks und bestehen aus vier Bandmitgliedern: Neben den Schwestern Emily Robinson und Martie Maguire gehören auch Laura Lynch am Kontrabass und Gitarristin Robin Lynn Macy zur Originalbesetzung. Ihren Bandnamen entnehmen sie einem Album des Musikers Lowell George (wobei »Dixie« als Synonym für die US-Südstaaten verstanden wird und »Chicks« als Bezeichnung für junge Frauen).

Nachdem die Band einige Jahre versucht hat, im Musikgeschäft Fuß zu fassen, kommt es zu einem Line-up-Wechsel: Sowohl Robin als auch Laura verlassen die Band; Natalie Maines kommt als Leadsängerin hinzu. Sie ergänzt die Band um ihren Gesang und bringt einen rockigeren Einfluss mit. Das zahlt sich aus: Drei Singles aus dem Album *Wide Open Spaces* schaffen es auf den ersten Platz der Country-Charts. Der Band gelingt es, im Jahr 1998 mehr CDs unter die Leute zu bringen als viele andere Country-Bands zusammen. Die Platte verkauft sich insgesamt zwölf Millionen Mal und erhält Diamantstatus, ebenso wie der Nachfolger *Fly*. Im Verlauf ihrer Karriere wird die Band mit 13 Grammys ausgezeichnet.

Bei Fans und Taylor gleichermaßen beliebt ist die Unverblümtheit, mit der die Chicks der oft sehr konservativen Country-Welt begegnen. Während sich andere Künstler vor allem in politischer Hinsicht gar nicht bis zurückhaltend äußern, haben diese Musikerinnen keine Angst davor, ihre Meinung zu sagen. So sorgen sie bereits 2003 für einen handfesten Skandal, als sie sich kurz vor Beginn der Irak-Invasion öffentlich negativ über den damaligen

Präsidenten George W. Bush äußern. Obwohl sie sich im Nachhinein für ihre Aussagen entschuldigen, sind viele US-Amerikaner außer sich vor Wut: Sie fordern einen Boykott der Band und walzen mit Bulldozern medienwirksam CDs der Chicks nieder. Die Band wird von unzähligen Country-Radio-Stationen geblacklistet.

Auf der anderen Seite erhalten die Chicks auch Zuspruch für ihren Mut und werden von vielen Fans gefeiert. Die Solidarität und politische Korrektheit behalten sie bei: 2020 legt die Band den Teil »Dixie« ihres Namens ab, da er an die Zeit der Sklaverei in den USA erinnert.

Auch außerhalb der Musikwelt gibt es Frauen, zu denen Taylor Swift aufsieht. So nennt sie zum Beispiel Ikonen wie **Oprah Winfrey** und **Angelina Jolie** als Inspiration, wenn es darum geht, andere Menschen glücklich zu machen. Für die Sängerin ist es wichtig, auch etwas zurückzugeben: »[Oprah] hat viel Geld verdient, aber auch viel davon verschenkt. Sie hat diese Position genutzt, um das Leben anderer zu verbessern, und ich glaube, das ist es, was ich möchte. Ich möchte Menschen hinterlassen, die durch mich bessere Chancen bekommen haben, sich durch mich besser gefühlt haben oder wegen mir lächeln konnten.«

Von der Schauspielerin **Mariska Hargitay** lässt sie sich ebenfalls inspirieren. Mariska zählt seit 15 Jahren zur Besetzung der Fernsehserie *Law & Order: Special Victims Unit* und gehört zu den bestbezahlten Schauspielerinnen im TV. Ihre Serienfigur Olivia Benson ist sogar Namenspatin von Taylors gleichnamiger Katze. Zum Schluss lässt sich also festhalten: Selbst Superstars haben andere Menschen, zu denen sie aufsehen und von denen sie lernen.

Gesellschaftliches Engagement

Als Taylor Swift ins Musikgeschäft einsteigt, hat ihr Gedankenkosmos genau die altersgerechte Größe: Für den Teenie dreht sich das Leben vor allem um ihre Freunde, das Erwachsenwerden und die große Liebe. Für Politik interessiert sie sich (noch) nicht; den Begriff Feminismus hat sie zwar schon einmal gehört, verbindet damit jedoch nicht wirklich etwas. Auch als sie älter wird, berühren sie politische Themen nach außen hin kaum. Jahre später sagt sie in einem Interview über sich selbst: »Als Kind wusste ich nichts über meine Privilegien, und allein das ist ein Privileg.«

In der Country-Branche ist es üblich, zum Thema Politik zu schweigen. Die goldene Regel lautet: »Zwing den Leuten niemals deine politischen Ansichten auf.« Als abschreckendes Beispiel werden immer wieder The Chicks genannt, deren öffentliche Rede gegen George W. Bush weitreichende Karrierefolgen hatte. Taylor nimmt sich diese Warnung vorerst zu Herzen, obwohl sich ihr Innerstes dagegen auflehnt.

Mit wachsender Lebenserfahrung steigt das Bedürfnis der Sängerin, ihre Reichweite für das Gute einzusetzen, indem sie sich öffentlich politisch äu-

»Rassismus und Ängste zu schüren ist nicht das, was ich von Politikern erwarte. Es ist meine Verantwortung, meinen Einfluss gegen diese widerliche Rhetorik einzusetzen.«

ßert, Geld spendet und Unternehmen medienwirksam boykottiert. Einen Wendepunkt bildet die bereits im Kapitel »Liebe dich selbst« behandelte Klage wegen sexueller Belästigung. Nach allem, was sie durchgemacht hat, denkt Taylor vor allem an die Opfer, denen nicht geglaubt wird. Die nicht dieselbe Kraft und dasselbe Durchhaltevermögen haben wie sie. Sie schwört sich: »Wenn sich das nächste Mal eine Gelegenheit bietet, etwas zu verändern, musst du gefälligst wissen, wofür du einstehst und was du sagen wirst.« Dieses gesellschaftliche Engagement wollen wir genauer beleuchten.

Im Zeichen der Kunst

Schon lange, bevor Taylor anfängt, sich politisch zu äußern, zeigt sich ihre aktivistische Ader im Einsatz für die Kunst. So ist ihre Musik von 2014 bis 2017 nicht auf Spotify verfügbar, weil die Künstlerin den Streaming-Anbieter boykottiert. Die Begründung: Das Unternehmen bezahle die Künstler, deren Musik auf dem Dienst angeboten werden, nicht angemessen. Der Lohn pro Stream läge bei 0,006 bis 0,0084 US-Dollar. Das empfindet sie als mangelnde Wertschätzung ihrer Kunst. Insbesondere junge Künstler mit weniger Streams verdienen kaum Geld über den Anbieter. Erst als sich *1989* über zehn Millionen Mal verkauft hat, kehrt sie zurück zu Spotify. Als sie 2018 zum Plattenlabel Universal wechselt, sorgt sie auf ihre Art für Gerechtigkeit: Universal ist zu dem Zeitpunkt mit 3,5 Prozent an Spotify beteiligt, hat jedoch vor, diese Anteile zu verkaufen. Taylor lässt deshalb in ihrem Vertrag festhalten, dass der Erlös (von vermutlich rund einer Milliarde US-Dollar) an Universals Musiker ausgeschüttet werden muss.

Auch mit dem Streaming-Anbieter Apple Music liegt Taylor zeitweise im Clinch. Im Juni 2015 wendet sie sich in einem Blogpost öffentlich an das Unternehmen und prangert dessen (zu dem Zeitpunkt neues) Geschäftsmodell an. Einer ihrer Freunde hatte ihr einen Screenshot von einem Vertrag mit Apple Music zugesendet. »Null Prozent Vergütung für die Rechteinhaber« während der dreimonatigen kostenlosen Testversion steht da Schwarz auf Weiß. »Wir bitten euch doch auch nicht um kostenlose iPhones. Bitte verlangt nicht von uns, dass wir euch unsere Musik kostenlos zur Verfügung stellen«, schreibt sie in ihrem Brief. Sie veröffentlicht den Post am frühen Morgen nach einer schlaflosen Nacht. Es dauert nur wenige Stunden, bis Apple tatsächlich beschließt, seine Richtlinien zugunsten der Künstler zu ändern. Ein voller Erfolg – für Taylor, vor allem aber für kleinere Künstler, die auf die Tantiemen angewiesen sind.

Der politischen Stimme folgen

In der Dokumentation *Miss Americana* spricht Taylor davon, dass sie lange Zeit wie besessen von der Idee war, keinen Ärger zu bekommen. Nirgendwo anzuecken. Um dieses Ziel zu erreichen, bleibt sie einfach stumm. Sie äußert sich lange Zeit nicht zu politischen Themen – wodurch sie sich im Wahlkampf 2016 zwar nicht explizit für Trump ausspricht, jedoch auch nicht eindeutig gegen ihn. Als er dann tatsächlich an die Macht kommt, ist sie völlig fassungslos.

»Ich musste viel lernen, bevor ich zu 200 Millionen Menschen sprechen konnte. Doch ich habe mich weitergebildet. Es ist Zeit, das Klebeband vom Mund zu reißen. Für immer.«

Im Jahr 2018 will sie diesen Fehler kein zweites Mal machen. Während der US-Senatswahl in ihrem Heimatstaat Tennessee besteht die Möglichkeit, dass eine Republikanerin namens Marsha Blackburn das Rennen macht. Ihre Werte sind stark konservativ. So spricht sie sich zum Beispiel gegen die gleichgeschlechtliche Ehe aus und zeigt sich antifeministisch. Taylor weiß: Ich muss etwas tun. Insbesondere ihr Vater ist nicht begeistert vom neuen politischen Aktivismus seiner Tochter. Er sorgt sich um ihre Sicherheit und kauft sogar gepanzerte Autos, um sie zu schützen.

Trotzdem entscheidet sie sich dafür, setzt sich für den demokratischen

Kandidaten ein und ruft ihre Fans zur Wahlbeteiligung auf. Den daraus resultierenden Anstieg der Wahlbeteiligung haben wir in Kapitel »Finde neue Kraft« schon kurz erwähnt. Mehr als 51 000 neue Wahlregistrierungen werden innerhalb von 24 Stunden gezählt – das Phänomen wird »Swift Lift« getauft.

Den Konservativen bis Rechtsradikalen nimmt sie damit jede Grundlage, die Sängerin für »ihr Lager« zu beanspruchen. Sie mausert sich vom Popstar ohne Stimme zur Kämpferin für Menschenrechte. »Ich will Glitzer lieben und zugleich gegen die Doppelmoral unserer Gesellschaft kämpfen. Ich will Rosa tragen und euch meine politischen Ansichten mitteilen. Ich denke nicht, dass diese Dinge einander ausschließen«, erklärt sie in *Miss Americana.*

Regenbogen-Liebe

Schon im Song »Welcome To New York« von Taylors Album *1989* heißt es: »Du kannst lieben, wen du willst / Jungs und Jungs und Mädels und Mädels.« Dieser, zugegeben noch sehr verhaltene, Support für die LGBTQIA*+-Community soll sich in den kommenden Jahren verdeutlichen.

Im Jahr 2019 nutzt Taylor Swift ihre neu gewonnene politische Stimme, um sich eindeutig gegen Homophobie auszusprechen. So meldet sie sich zum Pride Month mit einem Instagram-Post, in dem sie den Senator ihres Heimatstaates zur Unterstützung des Equality Act aufruft. Dieses Gesetz schützt die LGBTQIA*-Community vor Diskriminierung am Arbeitsplatz, auf Jobsuche, in der Schule und vielem mehr.

In den Lyrics zu »You Need To Calm Down« vom Album *Lover* hält sie treffend fest: »Fiese Sprüche haben noch nie jemanden weniger schwul/lesbisch gemacht.« Damit sind Hater aus dem Internet gemeint, die ihre Hassbotschaften verbreiten, aber auch intolerante Menschen im Allgemeinen. Die clevere Textzeile »Why are you mad? When you could be GLAAD?« beinhaltet ein Wortspiel zur Organisation Gay and Lesbian Alliance Against Defamation (GLAAD). Warum wütend sein, wenn du auch Akzeptanz und Liebe verschenken kannst?

Abermals deutlicher wird Taylors Message beim Dreh zum Musikvideo des Songs. Queere Promis wie Ellen DeGeneres, Jesse Tyler Ferguson, Todrick Hall und der Cast der Serie *Queer Eye* sind an ihrer Seite im kunterbunten Kampf gegen homophobe Hinterwäldler zu sehen. Natürlich gewinnt die Liebe. Ans Ende des Musikvideos platziert die Sängerin einen Aufruf an ihre

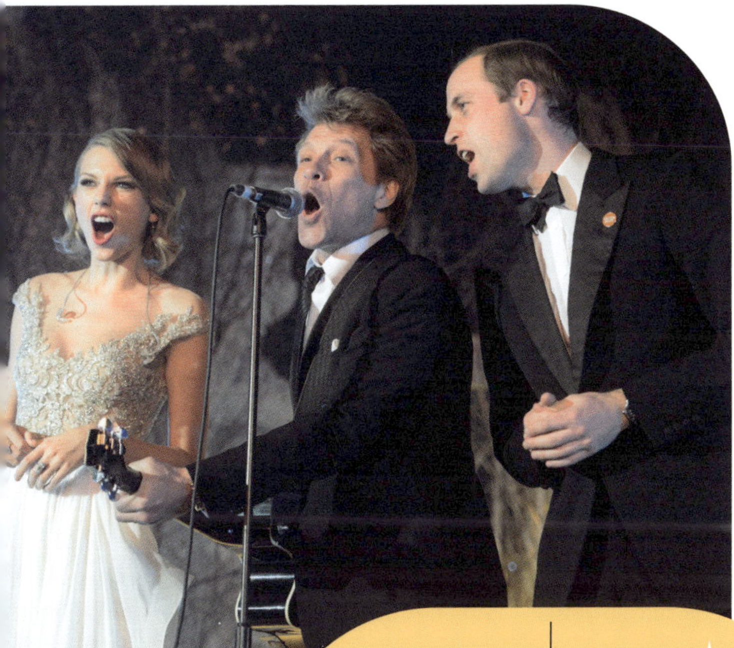

»Ich glaube an den Schutz der LGBTQ-Rechte und daran, dass jede Form der Diskriminierung aufgrund der sexuellen Orientierung oder des Geschlechts FALSCH ist.«

> **»Ich möchte so fortschrittlich wie möglich sein, was den respektvollen Umgang mit Menschen betrifft.«**

Fans: Sie sollen eine Petition für die Verabschiedung des Equality Act unterschreiben. Selbstverständlich folgen die Fans dem Aufruf – und erreichen x-fach so viele Unterschriften, wie notwendig wären, um eine Antwort vom Weißen Haus zu erzwingen.

The Man

Mit »The Man« findet sich auf dem *Lover*-Album auch ein eindeutig feministischer Titel, über dessen Konzept Taylor schon viele Jahre nachgedacht hat, bevor er zu Papier gebracht wurde. Ihr ist es wichtig, auf die Doppelmoral hinzuweisen, die Frauen im Alltag begegnet, möchte dem Thema aber möglichst humorvoll begegnen. Was dabei herauskommt, ist ein satirisches Gedankenspiel mit ernstem Hintergrund: Die Musikerin stellt sich in dem Lied vor, wie ihr die Welt begegnen würde, wenn sie ein Mann wäre. Würde ihr Erfolg trotzdem infrage gestellt werden? Wären ihre Dating-Partner ein Thema? Oder würde sie für all das vermutlich sogar gefeiert werden?

Dass sich eine Mega-Künstlerin wie Taylor Swift solche Fragen stellen muss, kommt nicht von ungefähr. Immer wieder spricht sie über die ungleiche Behandlung von Männern und Frauen in der (Musik-)Welt und prangert diese an. Die Ungerechtigkeiten begegnen ihr ständig: Während Männer auf mediale Angriffe reagieren dürfen, können Frauen höchstens überreagieren. Während männliche Musiker jahrzehntelang dieselbe Musik machen dürfen, müssen sich Frauen zigfach neu erfinden. Beweisen, dass sie ihren Erfolg tatsächlich verdient haben. Die Liste ist lang.

Um dem etwas entgegenzusetzen, steht Taylor für ihre Kolleginnen und Fans ein. Deshalb schreibt sie Songs wie »The Man«, um ihre Fans zum Denken anzuregen, und spricht das Thema Feminismus in Interviews und öffentlichen Auftritten immer wieder an. »Wenn wir weiter daran festhalten, Frauen ständig miteinander vergleichen zu müssen, sodass es Gewinner und Verlierer gibt, tun wir uns damit als Gesellschaft keinen Gefallen«, erklärt sie zum Beispiel in einem Interview.

Die Musikerin legt dabei auch Wert auf Selbstreflexion. So dichtet sie eine Textzeile des Songs »Better Than Revenge« um, als sie das dazugehörige Album *Speak Now* neu aufnimmt. In dem Lied geht es um eine Protagonistin, die erfährt, dass ihr Partner mit einer anderen Frau fremdgegangen ist. Während es in der Originalversion recht vernichtend über die (fiktive) Rivalin heißt: »Sie ist bekannt für die Dinge, die sie auf der Matratze macht«, wendet sie sich in der neuen Version vom Slut-Shaming ab und verteilt die Schuld der Fremdgänger neu: »Er wollte wie eine Motte zum Licht / Sie hielt die Streichhölzer in der Hand.« Eine Textzeile, die deutlich besser zu den Werten passt, die Taylor vertritt.

»Frauen in Aufnahmestudios müssen wir unterstützen, denn sie kämpfen nicht nur dafür, ernst genommen zu werden, sondern immer noch darum, überhaupt dabei zu sein.«

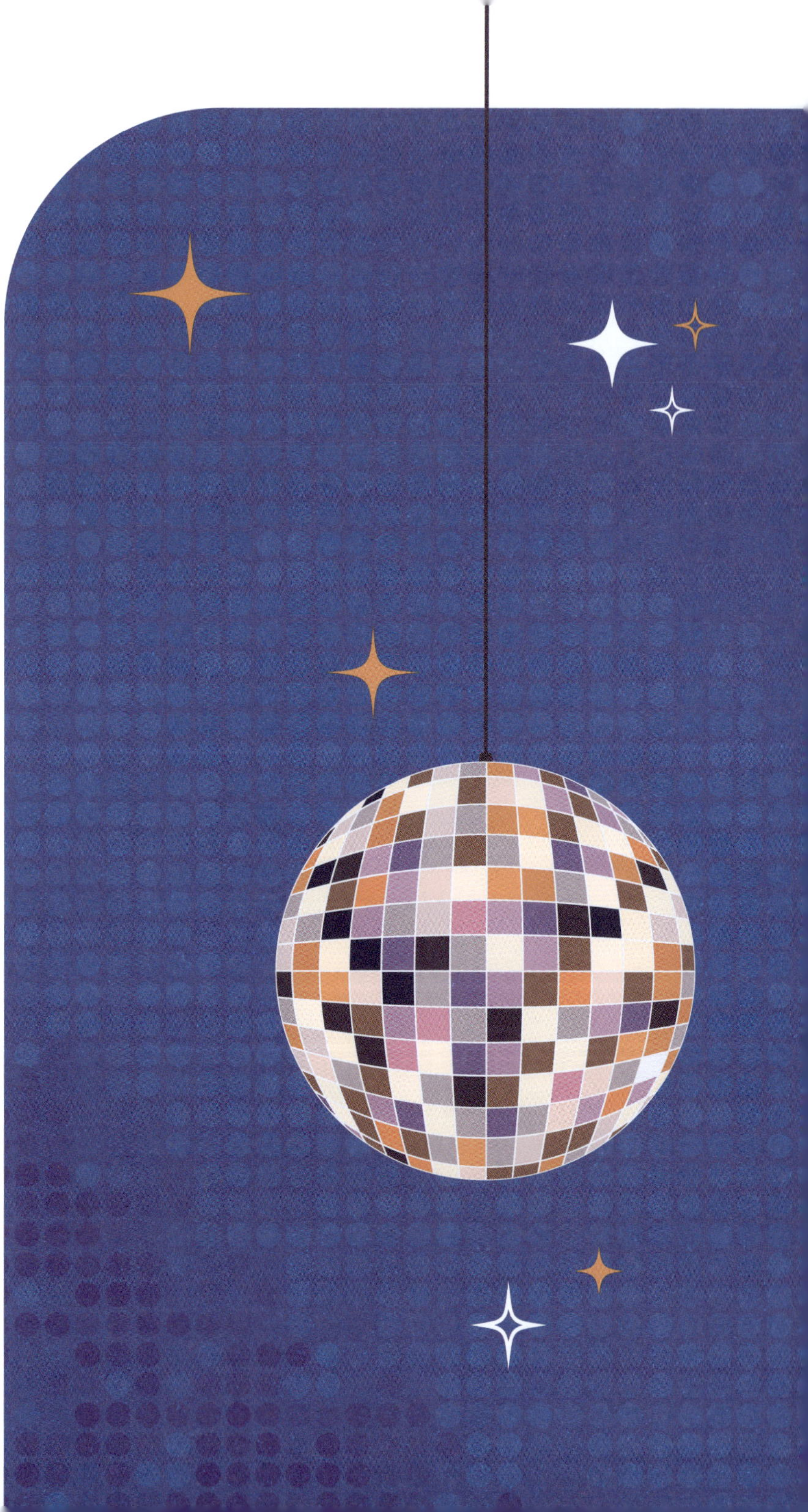

TAYLOR, DER WELT-STAR

Einleitung

Taylor ist seit fast 20 Jahren nicht mehr aus dem Musikbusiness wegzudenken. In dieser Zeit hat sie sich vom Country-Teen mit einer Vorliebe fürs Songwriting zur unsterblichen Popikone entwickelt. Mit ihrem herausragenden Talent zum Geschichtenerzählen, den eingängigen Melodien und ihrer unvergleichlichen Liebe für ihre Fans hat sie sich in die Herzen von Millionen Swifties gesungen und so gut wie alle Awards und Auszeichnungen abgeräumt, die es gibt. So stehen neben 14 Grammy Awards und einem Emmy Award auch 40 American Music Awards, 39 Billboard Music Awards und 23 MTV Video Music Awards in ihrem Regal. Muss wohl ein sehr großes Regal sein.

Darüber hinaus wurde sie 2023 zur »*Time* Person of the Year« ernannt und gehört laut Forbes zu den 100 einflussreichsten Frauen der Welt. Universitäten wie Stanford bieten Kurse an, in denen Taylors Songwriting analysiert wird. Sowohl die The Eras Tour als auch der dazugehörige Konzertfilm wurden zum kommerziell erfolgreichsten Projekt seiner jeweiligen Art. Taylor Swift ist die erste Milliardärin weltweit, die ihr Geld vorrangig mit Musik verdient hat. Welche Zauberformel nutzt die Sängerin also, um so unvergleichlich erfolgreich zu sein?

Sie selbst nennt das Schreiben als Erkennungsmerkmal, das sie von anderen Künstlern unterscheidet. »Wenn ich nicht meine eigenen Titel komponieren würde, wäre ich nicht hier«, sagt sie in *Miss Americana*. Doch auch auf per-

»Ich habe mit zwölf angefangen, Songs zu schreiben. Alles, was ich tue, ist eine Erweiterung meines Schreibens. Alles ist durch meine Liebe zum Schreiben verbunden.«

sönlicher Ebene ist das Songwriting essenziell für sie. Als »Schutzpanzer ihrer geistigen Gesundheit« bezeichnet sie ihre Arbeit, dank derer sie auch die schwierigen Momente des Lebens überwindet.

So verwandelt Taylor Swift Schmerz in Kunst. Für sich und für viele Millionen Zuhörer weltweit. Kein Wunder, dass ihr der Entstehungsprozess ihrer Lieder enorm wichtig ist. Ihre Alben bezeichnet sie als Statements, die jeweils einen eigenen emotionalen, visuellen und akustischen Fingerabdruck tragen. Sie achtet zum Beispiel auch darauf, dass die emotional stärksten Titel immer auf Platz 5 in der Tracklist landen.

Logisch, dass der Verkauf ihrer Musik an Scooter Braun sie 2019 umso härter trifft. Sie fühlt sich ihrer Geschichte beraubt. Die kathartische Verarbeitung ihrer Erfahrungen, kunstvoll erarbeitete Mosaike ihrer Lebensgeschichte – in den Händen einer Person, von der sie jahrelang verhöhnt wurde. Mit den Neuaufnahmen ihrer Alben holt sie sich zurück, was ihr gehört, begegnet ihrer Vergangenheit und schenkt dem ein oder anderen Song eine neue Perspektive.

Ihre Fans freuen sich besonders über die »From The Vault«-Titel, die neue Einblicke in die Taylor von damals geben. Welche Lieder haben es damals nicht auf die jeweilige Platte geschafft? Was hat die Künstlerin zu dem Zeitpunkt wohl beschäftigt? Das erste Album, das die Sängerin in der »Taylor's Version« neu veröffentlicht, ist *Fearless* im Jahr 2021. Ganze sechs brandneue Tracks gibt es on top. Die Swifties sind begeistert und möchten das neue Material mit ihrem Idol feiern. Doch aufgrund der Coronapandemie soll es zwei Jahre dauern, bis Musikerin und Fans wieder vereint sind.

Im März 2023 startet Taylor mit der The Eras Tour die aufwendigste und größte Konzertreise, die sie bis dahin auf die Beine gestellt hat. Während der über dreistündigen Shows werden alle bisherigen Alben gleichermaßen zelebriert; sie nimmt ihre Fans mit auf eine Reise durch die Vergangenheit. Mehr als 40 Songs singt sie mit ihren Swifties und präsentiert auf wechselnden, fantastisch anmutenden Stage-Designs insgesamt 16 unterschiedliche Outfits. Es ist eine Show der Superlative, wie sie die Welt noch nicht gesehen hat.

Die Fans sind außer sich vor Freude. Sie campen vor den Stadien, um die besten Plätze zu ergattern, werkeln viele Stunden an ihren Outfits und basteln Freundschaftsarmbänder zum Tauschen mit anderen Fans. Diese Begeis-

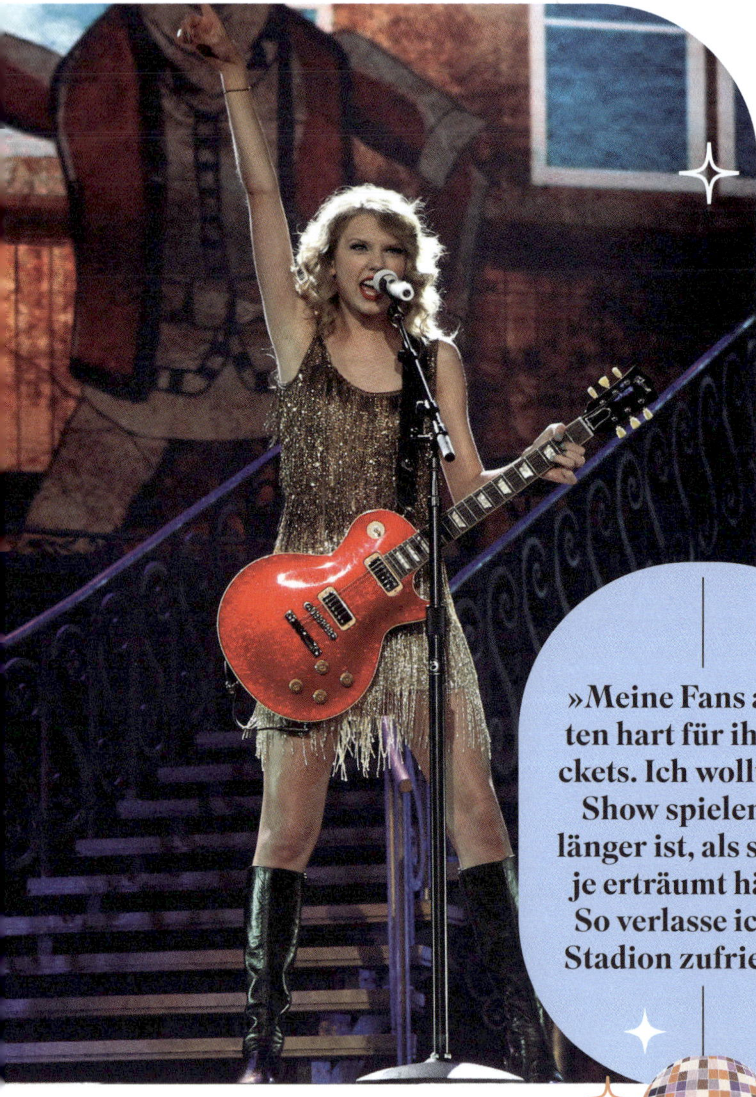

»Meine Fans arbeiten hart für ihre Tickets. Ich wollte eine Show spielen, die länger ist, als sie sich je erträumt hätten. So verlasse ich das Stadion zufrieden.«

terung ist wortwörtlich spürbar: Beim Konzert in Seattle werden zum Beispiel Erschütterungen gemessen, die einer Erdbebenstärke von 2,3 entsprechen.

Die Orte, an denen ihre Konzerte stattfinden, profitieren ebenfalls davon. So sorgt der sogenannte »Taylor Effect« in den Städten für einen ökonomischen Boost: Hotels werden gebucht, Restaurants besucht und Taxis benötigt. Doch damit nicht genug – auch der dazugehörige Konzertfilm bricht alle Rekorde. Am 13. Oktober 2023 bringt Taylor ihre Tour nämlich auch auf die Kinoleinwände. Hier schwelgen Swifties in Erinnerungen an ihren eigenen Konzertbesuch, schauen sich an, was sie im Stadion verpasst haben, oder bereiten sich gemeinsam auf ihren Tour-Termin vor.

In den folgenden Kapiteln wollen wir uns die magische Substanz genauer anschauen, die all diese Erfolge möglich gemacht hat: Taylor Swifts Albumkatalog. Lasst uns auf eine Reise durch die Eras gehen!

Taylor Swift

Albumname: *Taylor Swift*
Veröffentlichungsdatum: 24.10.2006
Laufzeit: 40:28 Minuten
Erste Single: »Tim McGraw«
Albumverkäufe USA: 7 000 000
Albumverkäufe DE: n. a.

Die Entstehung

Als Taylor Mitte der 2000er-Jahre ihren ersten Künstlervertrag unterschreibt, gibt es in der Country-Welt eigentlich gar keinen Platz für sie – so behauptet man jedenfalls. Country sei Musik über »Traktoren und Heu« (so bezeichnet Taylor die Stereotypen dieses Genres selbst), gemacht für Hausfrauen und Männer. Ein Teenie, der über seine Highschool-Erfahrungen und Herzschmerz singt? Klingt erst einmal nach einem hoffnungslosen Fall.

Doch es dauert nicht lang, bis die junge Künstlerin ihre Kritiker eines Besseren belehrt. In Songwriting-Sessions nach der Schule sitzt sie oft mit ihrer erfahrenen Kollegin Liz Rose zusammen, die damals Anfang 40 ist. Der große Altersunterschied tut der Zusammenarbeit keinen Abbruch, im Gegenteil: Liz selbst bezeichnet sich als Sparringspartnerin der jungen Sängerin, nicht als Lehrerin. »Sie hatte eine sehr klare Vorstellung von dem, was sie mit ihren Songs sagen wollte. Und ihr sind die unglaublichsten Hooks eingefallen«, erinnert sich Rose in einem Interview.

Die beiden treffen sich jeden Dienstagnachmittag nach der Schule und schreiben gemeinsam über Taylors Erlebnisse. Nach und nach entstehen erste Stücke für ihr Debütalbum, darunter auch »Teardrops On My Guitar« und ihr erster Hit »Tim McGraw«. Für Letzteren benötigt das Duo beim Komponieren sagenhafte 20 Minuten. Drei Titel verfasst der Teenie im Alleingang, für die restlichen hat sie weitere Songwriter an ihrer Seite.

Der Inhalt

Thematisch handeln die Lieder auf *Taylor Swift* vor allem von der großen Liebe und von typischen Highschool-Problemen. Es geht um kleine Verliebtheiten (»Stay Beautiful«) und gebrochene Herzen (»Tim McGraw«, »Picture To Burn«, »Should've Said No«), aber auch um die Einsamkeit, die die Musikerin als Außenseiterin in der Schule zeitweise empfindet (»The Outside«). »Tied Together With A Smile« thematisiert die Essstörung ihrer damaligen Freundin. Bereits auf ihrem Debütalbum beginnt Taylor mit der Tradition, die emotional verletzlichste Ballade auf Platz 5 der Tracklist zu setzen: »Cold As You« handelt von ihrer enttäuschenden Erfahrung mit einem Jungen, in den sie verliebt gewesen war. Es ist ihr persönlicher Lieblingstitel auf der Platte.

Der Sound von *Taylor Swift* ist nicht unbedingt üblich für Countrymusik. Obwohl Instrumente wie Banjos und Geigen zu hören sind und viele Songs einen Country-typischen Aufbau vorweisen, sind auch Pop- und Rock-Einflüsse zu hören. Ihre Vielseitigkeit klingt also schon auf ihrem Debütalbum an. Kritiker loben sie bereits hier für ihre starke Stimme und ihre Fähigkeit, Countrymusik einer breiten Masse schmackhaft zu machen.

Die Veröffentlichung

Taylors junge und weibliche Perspektive auf die Countrymusik kommt bei den Hörern gut an. Die malerischen Texte und die eingängigen Melodien funktionieren derart gut, dass Taylor schon vor der Veröffentlichung ihres ersten Albums eine große Anhängerschaft auf MySpace vorweisen kann. Auf der Website postet sie zu jener Zeit regelmäßige Updates zu ihrer Musik und ihrem Leben, beantwortet Fragen von Fans und promotet ihre Alben.

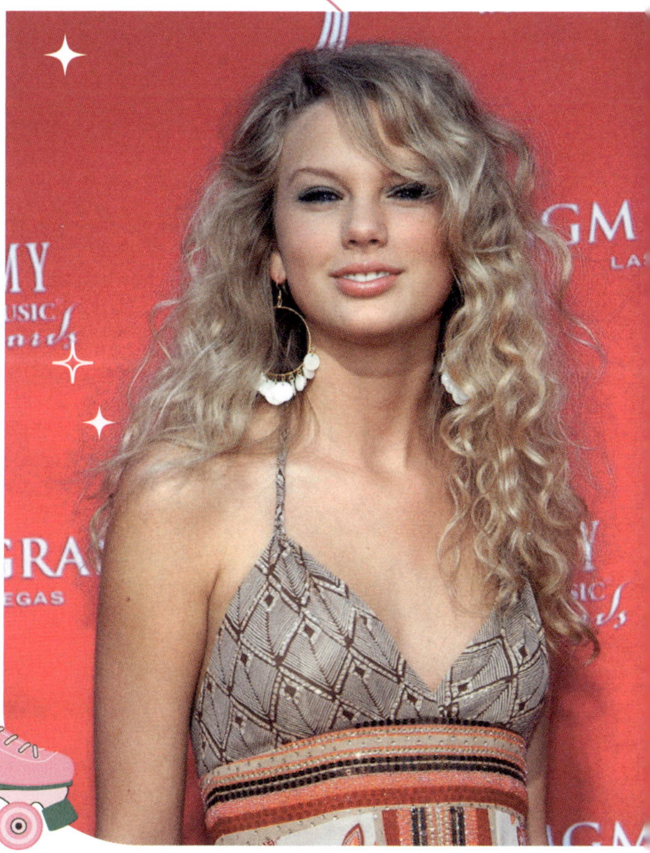

Der persönliche Kontakt zu ihren Fans ist der Sängerin wichtig – und das kommt an. Immer häufiger rufen die angehenden Swifties bei Country-Radiostationen an, um sich Taylors Songs zu wünschen.

So erreicht die Lead-Single »Tim McGraw« im September 2006 immerhin Platz 86 der Billboard-Hot-100-Charts und Platz 60 der Hot-Country-Song-Charts. Außerdem kassiert Taylor dafür doppeltes Platin. Das dazugehörige Album erscheint am 24. Oktober 2006 und die junge Künstlerin tut alles dafür, um es zu bewerben. Ganze sechs Monate geht sie auf Radio-Tour und tritt in diversen Fernsehshows auf, um ihren Bekanntheitsgrad zu erhöhen. Mit Erfolg: Während die Platte in der ersten Woche nur 40 000 Mal über die Ladentheke geht, liegt die Verkaufszahl rund ein Jahr später bei ungefähr einer Million.

Insgesamt 24 Wochen bleibt ihr Debüt auf dem ersten Platz der »Top Country«-Alben und erreicht siebenfaches Platin; der *Rolling Stone* vergibt Platz 32 der »100 besten Debütalben aller Zeiten«. In den Billboard-200-Charts verbringt *Taylor Swift* insgesamt 157 Wochen, womit es den längsten Chart-Verbleib des ganzen Jahrzehnts verzeichnen kann. Bei der Suchmaschine Google ist es das meistgesuchte Debütalbum aller Zeiten.

Der Style

Auf der Bühne und zu Fotoshootings trägt die Sängerin damals vor allem bunte Sommerkleider und Cowboyboots. Die fließenden, farbenfrohen Stoffe untermalen ihren jugendlichen Charme. Ihre unverkennbaren blonden Locken werden zu ihrem Markenzeichen.

Die Tour

Kurz nach der Veröffentlichung geht sie als Support Act mit verschiedenen Country-Größen auf Tour. Sie eröffnet zum Beispiel für Rascal Flatts, Brad Paisley, Tim McGraw und Faith Hill. Bis Taylor ihre eigenen Headline-Shows spielt, dauert es bis 2008. Die Zuschauerzahl liegt damals bei rund 3000 Personen pro Show – heute sind es oft 20-mal so viele Fans.

Fearless

Albumname: *Fearless*
Veröffentlichungsdatum: 11.11.2008 / 09.04.2021 (Taylor's Version)
Laufzeit: 53:41 Minuten / 106:20 Minuten (Taylor's Version)
Erste Single: »Love Story«
Albumverkäufe USA: 10 000 000
Albumverkäufe DE: 100 000

Die Entstehung

Ihr zweites Album *Fearless* schreibt Taylor Swift hauptsächlich, als sie mit anderen großen Country-Stars wie Brad Paisley auf Tour ist. Meist sucht sie sich dafür in den Konzerthallen einen ruhigen Ort, zum Beispiel die Garderobe, und verfasst dort neue Songs. Insgesamt entstehen rund 75 Stücke, von denen aber letztlich nur 13 auf dem Album landen. Diese Zahl ist kein Zufall: Die 13 ist Taylors Glückszahl und findet sich von nun an auch immer häufiger bei Live-Auftritten auf ihrem Handrücken.

Sieben der 13 Tracks von *Fearless* stammen aus Taylors Feder, für die restlichen Titel holt sie sich Liz Rose, Hillary Lindsey, Colbie Caillat und John Rich zur Seite. Obwohl sich Taylors Bekanntheitsgrad im Laufe des Entstehungsprozesses immer weiter steigert, ist sie außerhalb des Country-Universums ein weitestgehend unbeschriebenes Blatt – das soll sich nach der Veröffentlichung von *Fearless* drastisch ändern.

Der Inhalt

Musikalisch setzt Taylor auch bei ihrer zweiten Platte auf ihren ganz persönlichen Country-Pop-Style. Während Banjos, Mandolinen und Geigen für den markanten Country-Sound sorgen, schlagen Instrumente wie E-Gitarren und Songstrukturen die Brücke zum Pop. Sie kreiert eine romantisch verspielte Welt voller rauschender Ballkleider, weißer Pferde und schicksalhafter erster Dates. Sie nimmt Bezug auf Romeo und Julia (»Love Story«) oder uralte Märchen (»White Horse«) und verpasst ihnen einen eigenen Anstrich.

So verhilft sie Shakespeares Figuren zu einem Happy End, wohingegen der vermeintliche Märchenprinz auf dem »White Horse« durch seine Missetaten entzaubert wird.

All der Legenden zum Trotz ist es Taylor in ihren Liedern weiterhin wichtig, nahbar zu sein. Deshalb thematisiert sie auch auf *Fearless* ihre persönlichen Erfahrungen als Teenie. Es geht um Liebe, Freundschaft und Familie. Bei den Aufnahmen legt sie vor allem Wert darauf, die Emotionen authentisch rüberzubringen. »Der Schriftstellerin in mir ist die Bedeutung des Songs wichtiger als die Gesangstechnik«, erklärt sie in einem Interview.

Der fünfte Titel, »White Horse«, hätte es beinahe gar nicht aufs Album geschafft. Denn Taylor findet ihn damals zu ernst und möchte ihn lieber für ihre dritte Platte aufheben. Doch als die Produzenten ihrer Lieblingsserie *Grey's Anatomy* anklopfen, weil sie das Lied in der TV-Show nutzen möchten, ändert die Sängerin ihre Meinung.

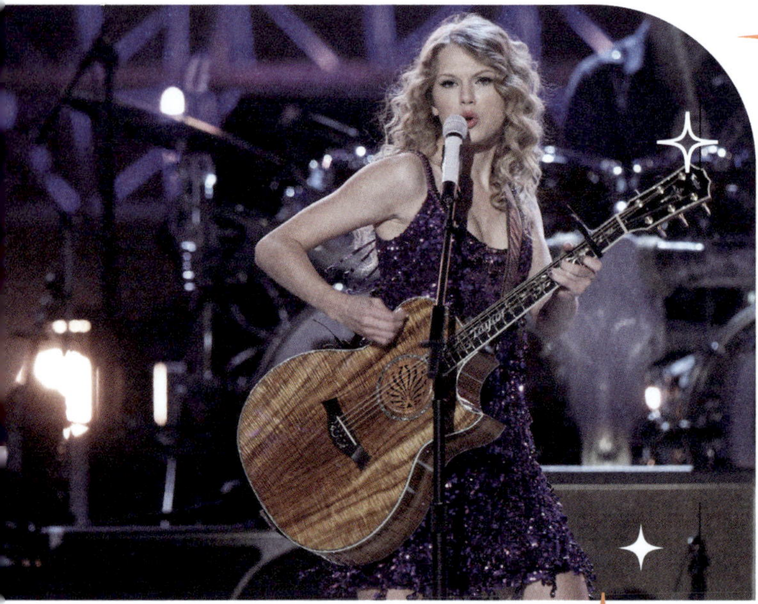

Die Veröffentlichung

Fearless soll das Album sein, das für Taylor alles verändert. Sie ist nicht länger nur ein Country-Phänomen, sondern erhält international Anerkennung für ihr Talent, und zwar in der gesamten Musikwelt. Ganze elf Wochen hält sich die Platte an der Spitze der Billboard 200-Charts und verkauft sich weltweit zwölf Millionen Mal. *Fearless* wird zum Country-Album mit den allermeisten Auszeichnungen, darunter zwei Grammys in den Kategorien »Album des Jahres« und »Bestes Country-Album«. Alle Singles erhalten Platin- oder mehrfachen Platinstatus, obwohl keine von ihnen jemals den ersten Platz der Billboard-Charts erreicht.

Der Style

Modisch behält sich Taylor ihre jugendliche Verspieltheit in der *Fearless*-Era noch bei. Die damals 18-Jährige liebt fließende Märchenkleider und lebt ihren romantischen Prinzessinnentraum voll aus (wir erinnern uns an ihren allersten Auftritt bei den VMAs im Cinderella-Style). Ihre Cowboyboots kombiniert sie auf der Bühne nun häufiger mit glitzernden Fransen- oder Paillettenkleidern. Ihr Make-up bleibt weiterhin natürlich, und auch das Haar trägt sie lockig, jedoch öfter hochgesteckt oder in weicheren Wellen. Als Accessoires gefallen ihr auffällige Armreifen, die sie in verschiedenen Breiten und Mustern miteinander kombiniert.

Die Tour

Mit dem Erfolg von *Fearless* ergibt sich für Taylor auch die Möglichkeit einer eigenen Tour. Die *Fearless*-Tour startet im April 2009 und erstreckt sich bis in den Juli des kommenden Jahres. In diesem Rahmen verschlägt es die Sängerin auch erstmals nach Australien und Japan – insgesamt besuchen mehr als eine Million Fans die *Fearless*-Tour. Sie ist überwältigt von der Resonanz. In einem Interview sagt sie über diese Zeit ihres Lebens: »Wenn *Fearless* eine Farbe wäre, wäre es Gold. Es war das erste Mal, dass jemand außerhalb der USA Notiz von meiner Musik nahm, und das hat sich für mich wie der goldene Rausch des Neuen angefühlt.«

Taylor's Version

Am 9. April 2021 veröffentlicht die Künstlerin *Fearless* in Taylor's Version neu. Es ist das erste Album, das sie erneut aufnimmt, und ihre Fans empfangen es mit Begeisterung. Die Scheibe beinhaltet gleich doppelt so viele Songs wie die erste Version und repräsentiert Taylors Rekapitulation einer Zeit, die sie selbst als »magisch« beschreibt. Ihrer Erklärung nach ist *Fearless* das Tagebuch einer jungen Abenteurerin, die nach und nach lernt, dass märchenhafte Happy Ends oft nur inhaltsleere Fassaden sind. Mit den Neuaufnahmen möchte sie ihren Fans ein allumfassendes Bild der damaligen Zeit bieten. Außerdem verpasst sie einigen Titeln einen neuen Anstrich: So holt sie für »Breathe« zum Beispiel Kollegin Colbie Caillat an Bord. Der Erfolg spricht für sich: Allein am ersten Tag erreicht *Fearless* (Taylor's Version) 50 Millionen Streams bei Spotify.

Speak Now

Albumname: *Speak Now*
Veröffentlichungsdatum: 25.10.2010 / 07.07.2023 (Taylor's Version)
Laufzeit: 67:29 Minuten / 104:33 Minuten (Taylor's Version)
Erste Single: »Mine«
Albumverkäufe USA: 6 000 000
Albumverkäufe DE: 100 000

Die Entstehung

Mit der Arbeit an ihrem dritten Album *Speak Now* verarbeitet Taylor den internationalen Ruhm, der sie nach *Fearless* überflutet hat. Dabei geht es nicht nur darum, trotz großer Popularität auf dem Boden der Tatsachen zu bleiben – die Künstlerin muss vor allem lernen, mit der harschen Kritik umzugehen, die es durch die gestiegene Aufmerksamkeit hagelt. Ein junges Mädchen, das schon mit 20 den Grammy für das Album des Jahres gewinnt? Diesen Erfolg *könne* sie gar nicht allein erarbeitet haben, behaupten die Medien.

Taylors Reaktion auf diese Behauptungen ist ebenso eigensinnig wie genial: Ihr drittes Album *Speak Now* schreibt sie komplett im Alleingang und erschafft damit eins der meistverkauften selbst geschriebenen Alben der Geschichte. Auch privat ist es eine aufregende Zeit für die junge Musikerin. Sie zieht aus ihrem Elternhaus aus und richtet ihr erstes eigenes Apartment ein. Das Ergebnis erinnert an *Alice im Wunderland* – überall kunterbunte Kissen, Geschirr, das nicht zusammenpasst, ein Teich mit Seerosenblättern mitten im Wohnzimmer und eine Wendeltreppe, die zu einem vogelkäfigartigen Baumhaus führt. Diese wilde Mischung soll sich auch im Sound widerspiegeln.

Der Inhalt

Wie die meisten Menschen in ihren Zwanzigern nutzt auch Taylor Swift diese Phase ihres Lebens zum Experimentieren. Sie wächst aus ihrem jugendlichen Ich heraus und wird erwachsen, schlägt nachdenklichere Töne an. Akustisch äußert sich das in *Speak Now* durch markante Rock- und Pop-Einflüsse, die den Country-Sound langsam verdrängen. Eingängige Melodien werden jetzt um E-Gitarren, opulente Streicher und energetische Drums ergänzt.

Lyrisch verarbeitet sie weiterhin alles, was ihr widerfährt, und verpackt es in Songs mit Ohrwurmpotenzial. Der Titel *Speak Now* ist durchaus wörtlich zu verstehen. So geht es auf der Platte um ihren Umgang mit ihren Kritikern (im Lied »Mean«, wie wir bereits in einem vorherigen Kapitel angesprochen haben) oder um gescheiterte Beziehungen (»Dear John« oder »Back To December«). Im Gegensatz zu früher handelt es sich bei Taylors Verflossenen inzwischen nicht mehr um den unbekannten Jungen von nebenan, sondern um bekannte Persönlichkeiten wie Joe Jonas oder John Mayer.

Auch der Öffentlichkeit ist Taylors Vorliebe für autobiographische Texte mittlerweile aufgefallen und sie macht sich einen Spaß daraus, über ihre Texte zu philosophieren und die Songs den vermeintlich passenden Ex-Freunden zuzuordnen. Beim fünften Titel des Albums, »Dear John«, brodelt die Gerüchteküche besonders und die Medien sind sich einig, dass damit John Mayer gemeint sein muss.

Dabei ist *Speak Now* viel mehr als eine lustige Schnitzeljagd durch Taylors Dating-Leben. Auf der Platte hört man ihre wachsende Reife an komplexer werdenden Arrangements (siehe das orchestrale »Haunted«) und an ihren Lyrics. Sie bewegt sich nun nicht mehr im »Highschool-Kosmos«, sie hat ihren Blick auf die Welt erweitert. »Innocent« ist zum Beispiel eine clevere Antwort auf Kanye Wests Attacke bei den VMAs, während »Back To December« eine reflektierte Entschuldigung an einen ihrer Ex-Freunde darstellt. Das Bild der liebestollen Dauer-Daterin gefällt vielen Medien aber natürlich besser.

Die Veröffentlichung

Allein in der ersten Woche verkauft sich das Album in den USA rund eine Million Mal und hält sich sechs Wochen lang an der Spitze der Billboard-

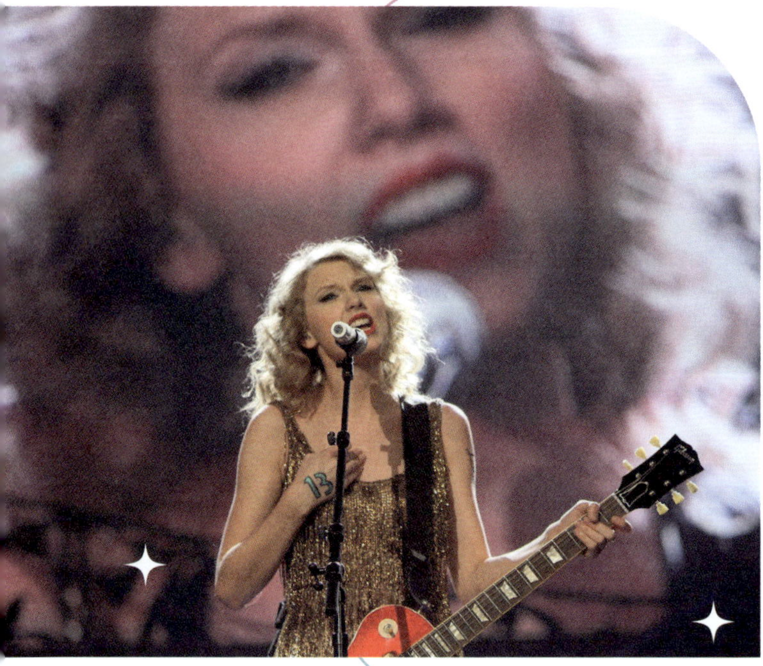

200-Charts. Elf Songs gleichzeitig landen in den Billboard Hot 100; ein absoluter Rekord. Alle veröffentlichten Singles von *Speak Now* erreichen mindestens Platin, wenn nicht Multi-Platinstatus. Darüber hinaus kassiert Taylor für »Mean« zwei Grammys; ein Erfolg, über den sie sich angesichts der Story zu dem Track besonders freuen dürfte.

Auch fernab der Charts wird Taylor Swift zum Phänomen. *Time Magazine* ernennt sie zu einem der »100 einflussreichsten Menschen der Welt«, während *Entertainment Weekly* sie zum »Entertainer of the Year« kürt. Ende 2011 erhält sie den »Woman Of The Year«-Award von Billboard.

Der Style

Obwohl sich Taylor in dieser Era bereits reifer und erwachsener zeigt, hält sie modisch an ihrer romantisch verspielten Optik fest. Auf der Bühne trägt sie gern ausladende glitzernde Kleider mit einem Hang zur Dramatik. Alles auf der Tour ist etwas größer, aufregender. Privat kombiniert sie kuschelige Cardigans mit Oxford-Heels, Kleidern und auffälligen Haarbändern oder Mützen.

Die Tour

Für die *Speak Now*-Tour absolviert Taylor insgesamt 110 Shows in 18 Ländern, darunter auch in Australien, Japan und Hongkong. Dabei erlebt sie auch zum ersten Mal, wie es ist, in einem Stadion vor 65 000 Personen aufzutreten. Die Tour spielt insgesamt über 123 Millionen US-Dollar ein.

Taylor's Version

Speak Now ist das dritte Album, das Taylor in ihrer eigenen Version neu aufnimmt. Veröffentlicht wird es am 7. Juli 2023 und geht komplett durch die Decke: Allein am Veröffentlichungstag wird *Speak Now* (Taylor's Version) ganze 126,3 Millionen Mal auf Spotify gestreamt und verkauft sich in den ersten vier Tagen mehr als 400 000 Mal. Gemeinsam mit den Alben *Midnights, Lover* und *Folklore* landet es in den Billboard-200-Charts und stellt damit einen weiteren Rekord auf – sie ist die erste lebende Künstlerin, die vier Alben gleichzeitig in den Top 10 hat.

Fans freuen sich über insgesamt 22 Titel, von denen sechs »From The Vault« stammen. Für zwei davon holt sich die Sängerin berühmte Unterstützung: Während sie »Electric Touch« mit ihrer Lieblingsband Fall Out Boy einspielt, ist für »Castles Crumbling« Hayley Williams von Paramore mit von der Partie. Soundtechnisch fügen sich die neuen Songs gut in den rockigen Klang ein. »When Emma Falls In Love« schlägt sanftere Töne an und handelt vermeintlich von Taylors Freundin Emma Stone.

Red

Albumname: *Red*
Veröffentlichungsdatum: 22.10.2012 / 12.11.2021 (Taylor's Version)
Laufzeit: 65:09 Minuten / 130:26 Minuten (Taylor's Version)
Erste Single: »We Are Never Ever Getting Back Together«
Albumverkäufe USA: 7 000 000
Albumverkäufe DE: 200 000

Die Entstehung

Als Taylor an *Red* arbeitet, ist sie zwar erst 22 Jahre alt, aber im Business schon so etwas wie ein alter Hase. Immerhin handelt es sich schon um ihr viertes Album, sie ist auf allen Magazincovern dieser Welt zu sehen, hat unzählige Preise abgeräumt und lukrative Werbedeals abgeschlossen. Das einst junge Mädchen ist erwachsen geworden.

Zwischen all dem Ruhm, Glitzer und Wahnsinn des Berühmtseins versucht Taylor, wenigstens in mancherlei Hinsicht ein normales Leben zu führen. Sie legt großen Wert auf alte Highschool-Freundschaften und geht allein im Supermarkt einkaufen. Trotz dieser Bodenständigkeit malen einige Medien immer häufiger das Bild einer männerhungrigen Frau, die einen Freund nach dem anderen abserviert, nur um dann Songs darüber zu schreiben. Red, das Taylor selbst als absolutes Herzschmerz-Album bezeichnet, spielt den Hatern nur in die Karten: Schon wieder eine Platte über Ex-Freunde. Fans und Musikkritiker sehen das Ganze jedoch anders.

Der Inhalt

Für viele Swifties zählt *Red* zu Taylors besten Alben. Durchdachte, poetische Lyrics und unvergessliche Melodien formen Lieder für die Ewigkeit. Nicht umsonst ist die *Red*-Era die meistgesuchte Taylor-Era aller Zeiten auf Goo-

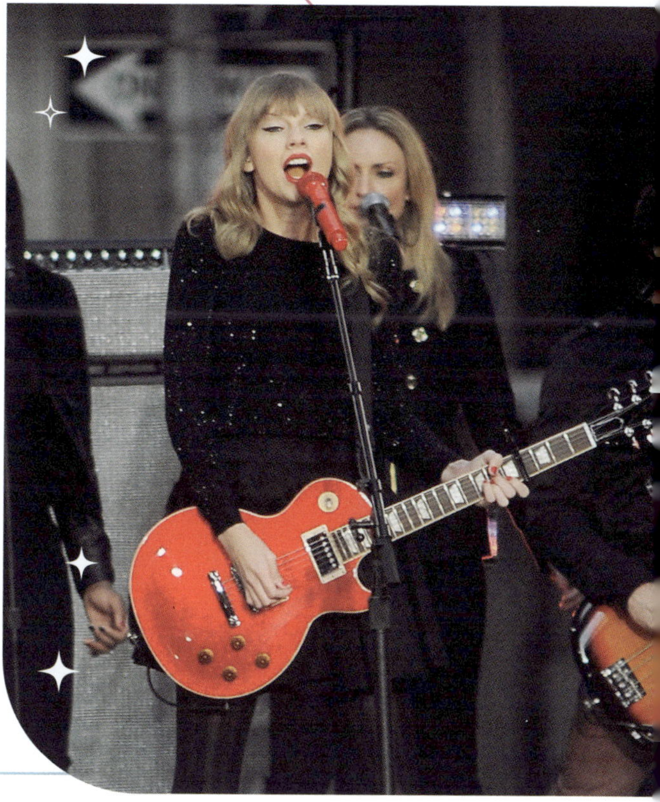

gle. Was alle Lieder gemeinsam haben: Die Künstlerin assoziiert sie mit der Farbe Rot. Es geht um Liebe, Leidenschaft und Abenteuer, aber auch um Wut, Eifersucht und Verrat.

Musikalisch traut sie sich mit *Red* in bisher unbekannte Gefilde. Für viele Songs nutzt sie Elektro-Beats (auf »I Knew You Were Trouble« verbirgt sich im Chorus sogar ein Dubstep-Drop) und nähert sich dadurch immer weiter einem eigenen Pop-Sound an. Zur Verstärkung holt sie sich bekannte Produ-

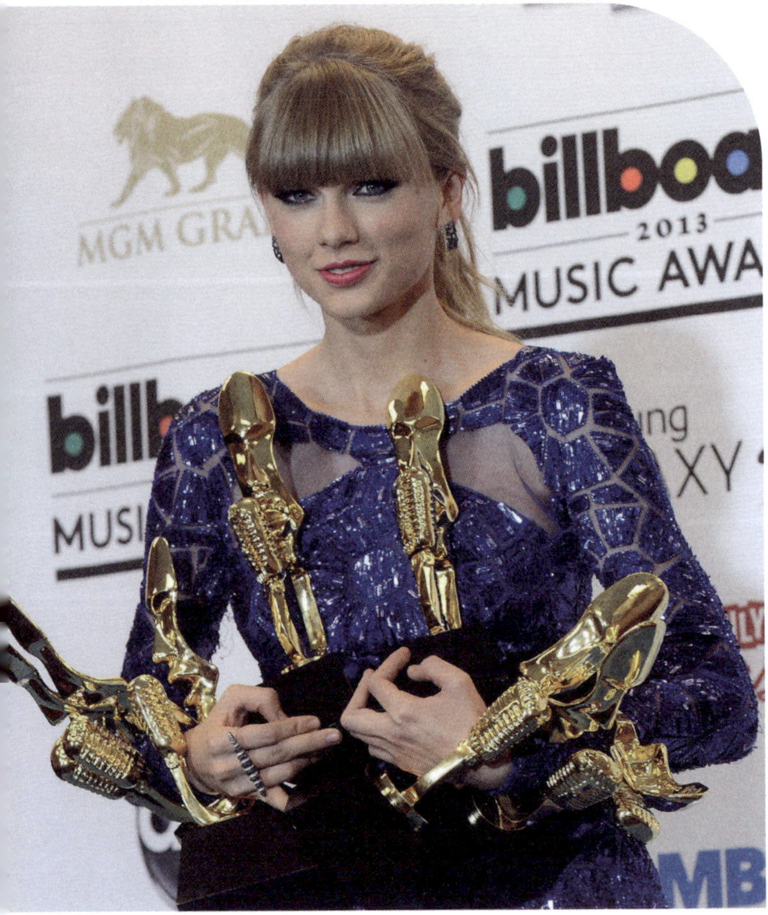

zenten an Bord, darunter auch Max Martin, der schon für Poplegenden wie Britney Spears, Katy Perry und The Weeknd tätig war. Neben »I Knew You Were Trouble« arbeitet er auch an »22« und »We Are Never Ever Getting Back Together« mit. Auf »Everything Has Changed« ist eine andere bekannte Stimme zu hören: die von Ed Sheeran.

Auf Platz fünf der Tracklist landet diesmal ein kleiner Song namens »All Too Well«, der von Swifties und Kritikern gleichermaßen zum absoluten Über-Hit gekürt wird. In der *Rolling Stone*-Liste der »100 besten Songs des Jahrhunderts« belegt er sogar Platz 29. Kaum ein Lied zeigt deutlicher, in welcher Königsklasse sich Taylors Storywriting bewegt.

Malerisch beschreibt sie die winzig kleinen Details einer Beziehung, die erst für Begeisterung sorgen, durch die Trennung aber zu schmerzhaften Erinnerungen werden. Es sind Zeilen wie »You call me up again just to break me like a promise / so casually cruel in the name of being honest«, die sich für immer in die Herzen der Fans einbrennen. In der Originalversion erzählt Taylor diese Geschichte in epischen 5:29 Minuten, in der Neuaufnahme verdoppelt sie die Länge sogar. Doch dazu gleich mehr.

Die Veröffentlichung

In der ersten Woche verkauft sich *Red* in den USA mehr als eine Million Mal und hält sich insgesamt sieben Wochen lang auf Platz eins der Billboard-200-Charts. Es erreicht siebenfachen Platinstatus und klettert auch in anderen Ländern auf Platz eins, darunter Australien und Kanada. *Red* ist auch Taylors erstes Album, das in Großbritannien Platz eins der Charts erreicht.

Es werden ganze sieben Singles ausgekoppelt: Die Leadsingle »We Are Never Ever Getting Back Together« erreicht Platz eins der Billboard-Hot-100-Charts (und ist damit Taylors erster Song, mit dem das gelingt), während »I Knew You Were Trouble« stolze sieben Wochen an der Spitze der Mainstream-Top-40-Charts verweilt. Obwohl ihre Plattenfirma *Red* als Country-Album promotet hatte, schlägt sich die Poplastigkeit des Albums auch in den Hitparaden nieder.

Der Style

Kaum ein Style ist so unverwechselbar wie der der *Red*-Era. Zunächst ist natürlich der Name Programm: Rote Lippen, rote Kleider, rote Sonnenbrillen – immer wieder baut Taylor die für die Platte namensgebende Farbe in ihre Looks ein. Ebenso einprägsam ist jedoch die Frisur, die die Sängerin nun trägt. Der gerade geschnittene Pony und die geglätteten Haare werden zu ihrem Markenzeichen. Darüber hinaus liebt Taylor zu jener Zeit Vintage-Kleidung; häufig ist sie in High Waist Shorts oder 50er-Jahre-Kleidern zu sehen.

Die Tour

Mit der *Red*-Tour setzt Taylor im Vergleich zur vorherigen Konzertreise noch einen drauf: Aufwendige Bühnenbilder mit mehrstöckigen Bauten, fünfzehn Tänzer, gigantische Leinwände und schier endloser Konfettiregen gehören dazu. Aufgrund der hohen Nachfrage spielt sie ihre Konzerte vorrangig in Stadien. Insgesamt spült die *Red*-Tour 150 Millionen US-Dollar in die Kassen und macht Taylor damit zur umsatzstärksten Country-Künstlerin aller Zeiten.

Taylor's Version

Taylors Version des roten Albums erscheint am 12. November 2021. Fans freuen sich über unglaubliche 30 Songs, darunter neben den 20 neu aufgenommenen Liedern der alten Deluxe-Version auch sechs neue Titel »From The Vault« sowie die einstige Charity-Single »Ronan«.

Der Ansturm auf die Neuaufnahme ist so groß, dass sie an den Spitzen der internationalen Charts landet und mehrere Rekorde bricht. So wird sie mit *Red* (Taylor's Version) zur Musikerin mit den meisten Streams an einem Tag für ein Album. Außerdem schaffen es 26 Songs gleichzeitig in die Billboard-Hot-100-Charts – die meisten Neueinsteiger eines einzelnen Künstlers jemals.

Besondere Aufmerksamkeit erhält die Neuaufnahme des Fan-Lieblings »All Too Well«: Nicht nur, dass Taylor ihren Swifties den Titel in seiner ursprünglichen Länge von stolzen 10:13 Minuten schenkt. Sie veröffentlicht auch einen dazugehörigen, selbst geschriebenen Kurzfilm. Als Regisseurin führt sie ihre Hauptdarsteller Dylan O'Brien und Sadie Sink durch ihre romantisch-dramatische Geschichte über Liebe, Herzschmerz und die schwierige Aufgabe, sich selbst zu finden.

1989

Albumname: *1989*
Veröffentlichungsdatum: 27.10.2014 / 27.10.2023 (Taylor's Version)
Laufzeit: 48:41 Minuten / 77:49 Minuten (Taylor's Version)
Erste Single: »Shake It Off«
Albumverkäufe USA: 9 000 000
Albumverkäufe DE: 200 000

Die Entstehung

Im Jahr 2014 wünscht sich Taylor einen Tapetenwechsel. Die ständigen öffentlichen Debatten über ihr Privatleben setzen ihr zu, darüber kann auch der enorme kommerzielle Erfolg nicht hinwegtrösten. Also schneidet sie sich die Haare ab, trifft sich nicht mehr mit Männern und zieht nach New York. In dieser Zeit formt sich auch die berühmt-berüchtigte »Girl Squad«, mit denen sie beim Feiern, im Fitnessstudio oder auf Ausflügen fotografiert wird. Ihr Motto: Freundinnen über alles! Es soll jedoch nicht lange dauern, bis einige Medien ihr auch das ankreiden. Sie sei berechnend, selbst in ihren Freundschaften.

Ihr Neuanfang spiegelt sich auch in ihrer Musik wider: Nach einer schmerzhaften Niederlage bei den Grammys (*Red* hatte nicht »Album des Jahres« gewonnen) entscheidet sich Taylor in einer schlaflosen Nacht, musikalisch einen harten Cut zu wagen. Das nächste Album soll offiziell Pop sein. Schon der Titel *1989* kündigt diesen Wandel an; es handelt sich um ihr Geburtsjahr und der Name impliziert so eine Art Wiedergeburt.

Der Inhalt

Synthesizer, Drumcomputer und verzerrte Hintergrundgesänge – *1989* lässt akustisch keinen Zweifel daran, dass es sich hier um ein Popalbum handelt. Inspiriert wird Taylor von dem namensgebenden Jahrzehnt. In den 1980er-Jahren sind ebendiese experimentellen, jedoch eingängigen Synth-Pop-Sounds auf dem Vormarsch, die akustischen Arrangements wie auf *Red* entgegenstehen.

Ein ähnlicher Wandel lässt sich auch beim Songwriting beobachten. Auf *1989* geht es neben Neuanfängen und dem Umgang mit Kritikern auch weiterhin um (gescheiterte) Liebesbeziehungen; doch die Lyrics werden nun mehrdeutiger. Taylors Perspektive ändert sich. Während sie in der Vergangenheit oft gekränkt oder verbittert auf Ex-Beziehungen schaute, klingen die Songs auf *1989* nun eher nostalgisch, weniger kritisch (siehe »Wildest Dreams«, »Clean«). Das repräsentiert auch der fünfte Titel der Platte, »All You Had To Do Was Stay«.

Es gelingt ihr außerordentlich gut, sich das von der Öffentlichkeit gemachte schiefe Bild über ihre Person zurückzuholen, und zwar mit Humor. Das zeigt sich besonders in Songs wie »Blank Space« oder »Shake It Off«, die nicht nur clever geschrieben sind, sondern auch enorm erfolgreich werden.

Die Veröffentlichung

Höher, schneller, weiter. Das gilt auch für die spektakuläre Veröffentlichungsstrategie, die Taylor mit *1989* fährt. Bereits einen Monat vor Erscheinen des Albums trommelt die Sängerin mehrere Hundert Fans zusammen, um gemeinsam die »*1989* Secret Sessions« abzuhalten. In verschiedenen Städten der Welt lädt die Künstlerin zu sich nach Hause ein, um ihren Swifties einen exklusiven Einblick in ihr neues Werk zu geben und es mit ihnen zu feiern. Sie macht deutlich: Auch wenn ich keine Country-Musikerin auf MySpace mehr bin, ist die Bindung zwischen mir und meinen Fans weiterhin eng.

Schon kurz darauf soll auch der Rest der Welt von *1989* erfahren. Nach einigen kryptischen Hinweisen auf ihren Social-Media-Kanälen startet Taylor im August 2014 mit einem globalen Livestream in die *1989*-Era. Abgehalten wird dieser Stream auf dem Empire State Building. »Welcome to New York, it's been waiting for you«, singt sie vor der spektakulären Kulisse eben jener Weltstadt.

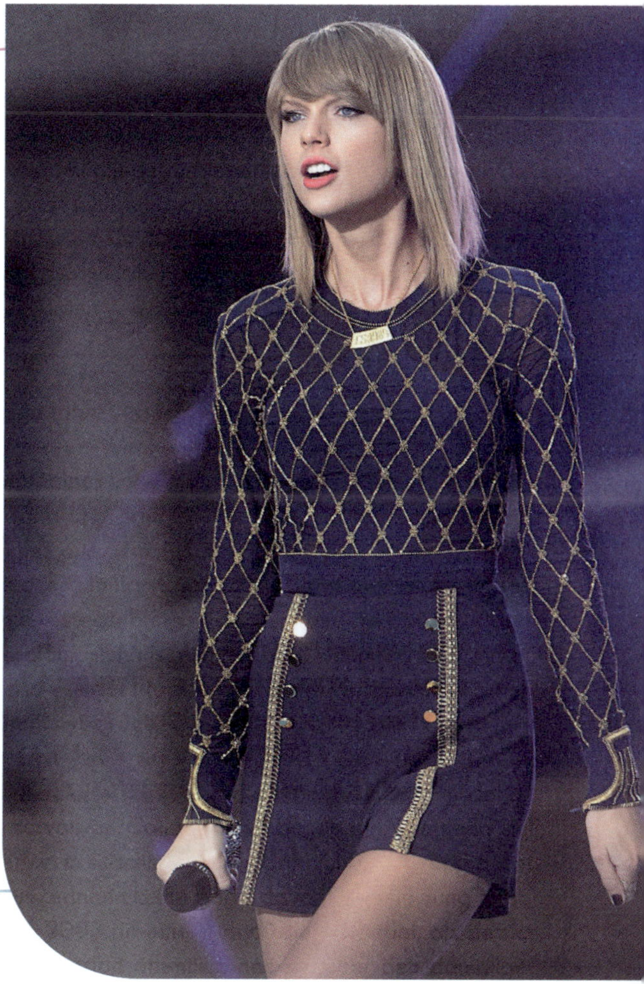

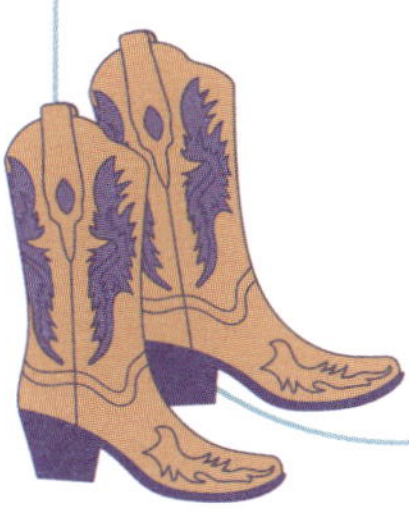

Im Vergleich zum Vorgänger wird *1989* von den Kritikern als besonders stimmiges Werk betrachtet. Und obwohl ihre Plattenfirma erst skeptisch ist, das Werk als Pop- und nicht als Country-Album zu vermarkten, wird *1989* zu einem vollen Erfolg. Entgegen aller Erwartungen verkauft es sich in der ersten Woche rund 1,2 Millionen Mal und bleibt insgesamt elf Wochen an der Spitze der Billboard-200-Charts. Insgesamt verkauft es sich weltweit über zehn Millionen Mal und gewinnt zwei Grammys.

Der Style

Während der *1989*-Era ist Taylor einfach überall: Paparazzi lichten sie ständig in New York ab, manchmal mehrmals täglich, sie tritt in allen großen (Award-)Shows auf, ziert unzählige Magazin-Cover und ihre Musikvideos laufen auf allen Bildschirmen dieser Welt. Taylor brennt sich nachhaltig ins kollektive Gedächtnis.

Ihr Look ist zu der Zeit ebenso markant wie zeitlos: Die Haare hat sie sich zu einem kurzen, glatten Bob mit Pony schneiden lassen, der rote Lippenstift begleitet sie täglich. Ihre schicken, perfekt abgestimmten Designer-Outfits, oft bestehend aus Crop-Tops, Röcken und High Heels, katapultieren sie auf unzählige »Best Dressed«-Listen.

Die Tour

Die *1989*-Welttournee beginnt im Mai 2015, also zu einer Zeit, in der Taylor populärer ist denn je. Durch die Wandlung zur Popmusikerin erreicht sie mehr Fans als je zuvor, hat beinahe alle Awards gewonnen, die es gibt, wird erneut zur »Billboard Woman of the Year« ernannt und kann eine ganze Armee berühmter, wunderschöner Frauen zu ihren Freundinnen zählen.

Klar, dass sie dieses Leben mit ihrer neuen Tour feiern möchte. Swifties erwartet ein Popspektakel der Extraklasse mit Gastmusikern wie Selena Gomez, The Weeknd, Mick Jagger, Avril Lavigne und vielen mehr. Mit Einnahmen von 250 Millionen US-Dollar wird die *1989*-Tour zur umsatzstärksten Konzertreise 2015.

Taylor's Version

1989 (Taylor's Version) kündigt die Sängerin am 9. August 2023 während des letzten US-Konzerts ihrer The Eras Tour an. Irgendwas ist an dem Abend anders, das spüren alle Swifties im Stadion. Ihre Kostüme sind teilweise ausgetauscht worden, sie trägt nun Blau, die Erkennungsfarbe von *1989*. Die LED-Armbänder der Fans leuchten in demselben Blau auf und Taylor gibt bekannt: »Ich möchte euch etwas zeigen.« Auf der Leinwand hinter ihr werden das neue Album-Cover sowie das Release-Datum präsentiert.

Am 27. Oktober 2023 erscheint das vierte neu aufgenommene Album der Künstlerin. Neben den 16 ursprünglichen Tracks werden auch fünf Songs »From The Vault« veröffentlicht. Es wird Taylors bisher erfolgreichstes neu eingespieltes Album. Innerhalb von sechs Tagen verkauft es sich auf Vinyl über 580 000 Mal und wird damit zur bestverkauften Schallplatte des 21. Jahrhunderts (vorher hielt *Midnights* diesen Rekord). Nicht nur in den USA, auch in Deutschland schafft es die neue Version an die Spitze der Charts.

reputation

Albumname: *reputation*
Veröffentlichungsdatum: 10.11.2017
Laufzeit: 55:38 Minuten
Erste Single: »Look What You Made Me Do«
Albumverkäufe USA: 3 000 000
Albumverkäufe DE: 100 000

Die Entstehung

Der öffentliche Druck und der Hate, dem sich Taylor ausgesetzt sieht, spitzt sich im Jahr 2016 immer weiter zu. Kim Kardashians dubioses Video über den Disput mit Kanye West setzt dem Ganzen die Krone auf. Im November 2016 hat die Sängerin genug und verschwindet nahezu völlig von der Bildfläche. Sie zieht nach London zu ihrem damaligen Freund Joe Alwyn und sorgt dafür, dass ihre Überrepräsentation in den Medien aufhört.

Den Time-out nutzt sie, um mit sich selbst ins Reine zu kommen und in Ruhe ihre Partnerschaft zu etablieren. Außerdem findet in dieser Zeit der Prozess um den sexuellen Übergriff statt, den Taylor 2013 erleiden musste. Sie stellt sich essenzielle Fragen, die ihren Blick auf ihr Leben und die Außenwelt massiv verändern werden. Ist es wirklich wichtig, was andere über sie denken? Und

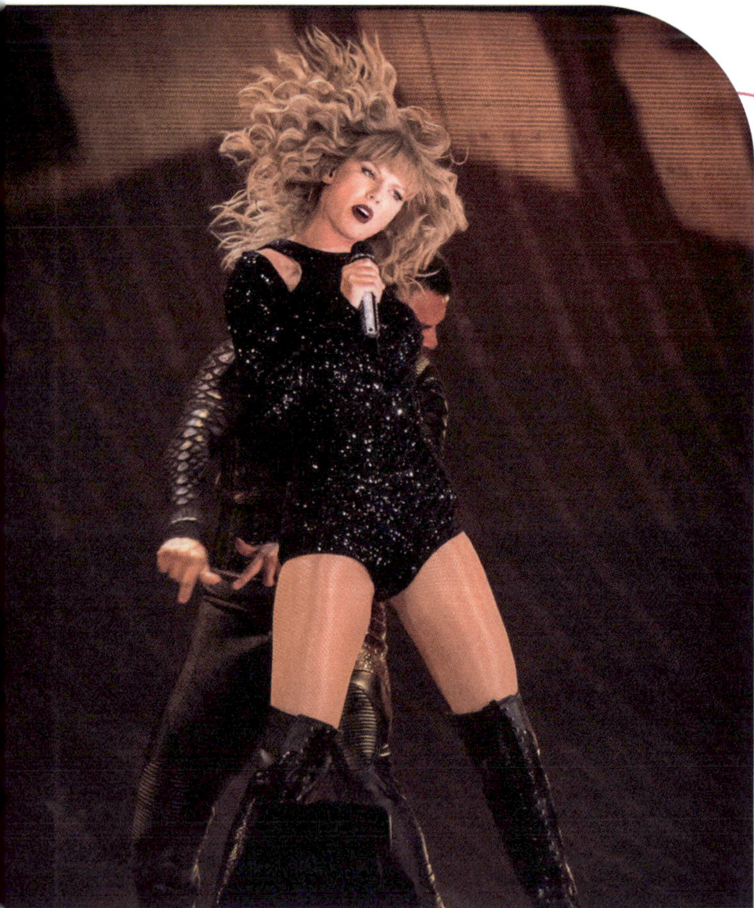

welche Menschen bleiben an deiner Seite, auch wenn dir der Rest der Welt den Rücken kehrt?

Der Inhalt

Wenn man so will, sind die Songs auf *reputation* konsequente Fortsetzungen einiger Titel, die schon auf *1989* zu hören waren. Getreu dem Motto »Angriff ist die beste Verteidigung« schreibt sie für *reputation* Lyrics, mit denen sie ihr Narrativ wieder selbst in die Hand nimmt und ironisch infrage stellt. Taylor bezeichnet dieses Album als eine Art Katharsis. Die Wut und die Enttäuschung machen sich in den Texten bemerkbar (sie verwendet sogar das ein oder andere Schimpfwort, eine Seltenheit in Taylors Lyrics), aber auch im Sound. Wummernde Beats und Trap-Klänge kreieren eine emotionale Tiefe, die man von der sonst stets positiven Sängerin so nicht kennt. Es sind auch RnB- und Hip-Hop-Sounds zu hören, die in ihren Liedern zuvor noch nicht stattgefunden hatten.

reputation als wütendes Rachealbum zu bezeichnen ist jedoch nur die halbe Wahrheit, denn es beinhaltet auch verletzlichere Songs wie »Delicate« oder »New Year's Day«. Den Wendepunkt der Platte markiert »Delicate«, der die offensive, fast trotzige Haltung Taylors ihren Hatern gegenüber ablegt und die Künstlerin wieder von einer sanfteren Seite zeigt. Es geht darum, inmitten des Chaos diesen einen Menschen zu finden, dem das alles nichts ausmacht und der uns trotzdem für das liebt, was wir sind. Joe Alwyn ist zu dieser Zeit dieser Fels in der Brandung.

Die Veröffentlichung

Anders als bei ihren vorherigen Alben verzichtet Taylor für die Vermarktung von *reputation* auf große Pressetermine oder Fernsehauftritte. Stattdessen löscht sie kurz vor Veröffentlichung ihre Social-Media-Kanäle und ihre gesamte Website. Das funktioniert: Swifties und Medien sind außer sich vor Spannung. Was hat sie vor? Auch bei diesem Album setzt sie wieder auf geheime Listening-Sessions, die in Los Angeles, London, Nashville und Rhode Island abgehalten werden.

Die fehlende Promo-Tour tut dem Erfolg keinen Abbruch. Schon die Lead-Single schlägt ein wie eine Bombe: »Look What You Made Me Do« erreicht neben den USA zum Beispiel auch in Großbritannien Platz eins der Single-Charts und wird damit zu Taylors erster Single mit dieser Platzierung. Außerdem bricht das Musikvideo den Youtube-Rekord für die meisten Aufrufe innerhalb von 24 Stunden.

In der ersten Woche verkauft sich *reputation* in den USA über eine Million Mal und hält sich vier Wochen auf Platz eins der Billboard-200-Charts – und ist damit ihr viertes Album in Folge, dem diese Ehre zuteilwird. Weltweit erreicht es in der ersten Woche sogar zwei Millionen Verkäufe.

Der Style

Mit der *reputation*-Era setzt sich Taylor endgültig gegen den Hass zur Wehr, der ihr in den vergangenen Jahren entgegengebracht wurde. Das ihr auferlegte Bild der »falschen Schlange« macht sie sich in ihren Looks zu eigen: Immer wieder zieren Schlangen ihre Bühnenoutfits oder Accessoires, die nun allgemein dunkler und reifer wirken.

Schwarze Bodysuits, Overknee-Stiefel, dunkler Lippenstift und sleeke Outfits gehören jetzt in Taylors Repertoire. Für Fans unvergessen ist auch der »Bleachella«-Vorfall im April 2016: Zum Coachella-Festival zeigt sich Taylor erstmals mit ultrakurzem, platinblondem Bob. Die Meinungen über ihre neue Frisur sind damals zwiegespalten, die Sängerin selbst sagt Jahre später: Wenn ich mir die Bilder heute ansehe, ist es mir peinlich. Autsch.

Die Tour

Die *reputation*-Stadiontour nutzt Taylor, um ihre Fans an den vergangenen schwierigen Jahren ihres Lebens teilhaben zu lassen. Anstatt ihre Geschichte in Interviews zu erzählen, spricht sie ihre Fans direkt von der Bühne aus an und bedankt sich für den steten Zusammenhalt. Später beschreibt die Künstlerin diese Zeit als emotional und mental gesündeste ihres Lebens.

Optisch greift das Tour-Design das Thema des Albums wieder auf, besonders die 19 Meter hohe Schlange Karyn sorgt für Aufsehen. Auch kommerziell wird die Tour wieder ein voller Erfolg: Mit insgesamt 53 Konzertterminen erwirtschaftet die *reputation*-Tour 345,7 Millionen US-Dollar.

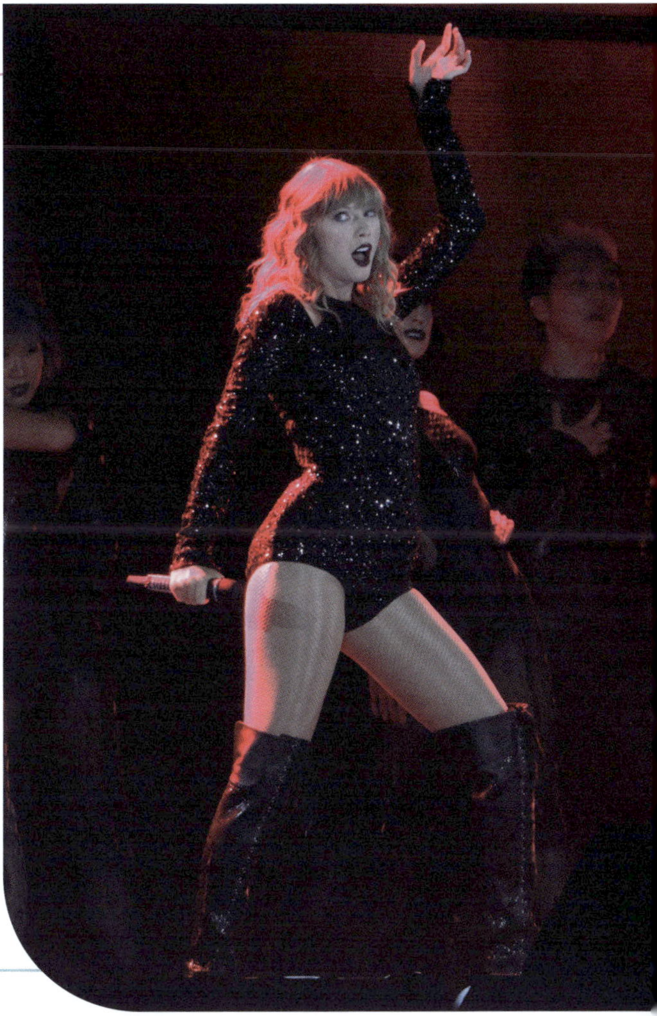

Lover

Albumname: *Lover*
Veröffentlichungsdatum: 23.08.2019
Laufzeit: 61:48 Minuten
Erste Single: »ME!«
Albumverkäufe USA: 3 000 000
Albumverkäufe DE: 100 000

Die Entstehung

Auf jeden Sturm folgt auch wieder Sonnenschein. So ähnlich könnte man die *Lover*-Era in einem Satz zusammenfassen. »Farbenfroh, ruhig, irgendwie schöner als jemals zuvor«, so erklärt Taylor es selbst in einem Interview. Die schwierigen Jahre voller Rückschläge, Anfeindungen und Selbstzweifel hat sie (weitestgehend) hinter sich gelassen. Daran lässt auch das Musikvideo der ersten Single »ME!« keinen Zweifel: Zu Beginn schlängelt sich eine pastellfarbene Schlange durchs Bild, bevor sie in unzählige bunte Schmetterlinge zerspringt.

Nach ihrer strikten Medienpause während der *reputation*-Era zeigt sich die Sängerin in Interviews nun wieder offener, setzt aber auch klare Grenzen. Gespräche über ihre Beziehung zu Joe Alwyn sind tabu. Stattdessen reflektiert sie über ihre Vergangenheit und setzt sich für die gute Sache ein – ihr politischer, feministischer und LGBTQIA*-Support ist stärker denn je spürbar (siehe »You Need To Calm Down« oder »The Man«). Das äußert sich in Songs, Musikvideos, öffentlichen Reden und Interviews.

Der Inhalt

»Lover« klingt genauso schwebend leicht, wie es der Name des Albums vermuten lässt. Die harten, aggressiven Elektro- und Hip-Hop-Beats lässt Taylor jetzt nahezu weg und ihre musikalische Vielfalt tritt wieder deutlicher hervor. Romantische Lyrics treffen auf verträumte Sounds, deren Klänge von

Country (»Soon You'll Get Better«) über Pop (z. B. »Cruel Summer«) bis hin zu (wie Taylor es selbst nennt) 70er-Jahre-Hochzeitskapelle (»Paper Rings«, »Lover«) reichen.

Der Titel »I Forgot That You Existed« eröffnet das Album und trifft genau das Feeling, das programmatisch für »Lover« ist: ein friedliches Abschließen mit der Vergangenheit. Mit »Death By A Thousand Cuts« beweist die Künstlerin außerdem eindrücklich, dass ihr auch dann traurige Break-up-Songs gelingen, wenn sie gerade eigentlich rundum zufrieden ist.

Emotional wird es trotzdem, denn auf *Lover* findet sich mit »Soon You'll Get Better« auch einer der traurigsten Lieder, die Taylor je geschrieben hat. Wie bereits erwähnt, geht es hier um die Krebserkrankung ihrer Mutter Andrea. Der Titel ist für die Sängerin sogar so emotional, dass sie ihn nicht live performen kann. Der fünfte Song ist »The Archer«, ein sehr selbstreflektierter Song über die Unsicherheiten, denen die Protagonistin in einer Beziehung immer wieder begegnet. Diese Taylor klingt insgesamt sehr erwachsen und geerdet.

Die Veröffentlichung

Begleitet von einigen »Secret Sessions« und einer ausgiebigen Presse-Tour wird *Lover* am 23. August 2019 veröffentlicht. Es ist das erste Album, das Taylor mit ihrer neuen Plattenfirma Republic Records herausbringt; auch hier stehen die Zeichen also auf Neuanfang.

Und der kann sich sehen lassen: Die drei Singles »ME!«, »You Need To Calm Down« und »The Archer« schaffen es alle in die Top Ten der Billboard-Hot-100-Charts. Die Platte erreicht mit mehr als 800 000 Verkäufen in der ersten Woche die Spitze der Billboard-200-Charts. Im Jahr 2019 geht es insgesamt 3,2 Millionen Mal über die Ladentheke und wird damit zum meistverkauften Album eines Solokünstlers in diesem Jahr.

Von den American Music Awards wird Taylor zum »Artist of the Decade« ernannt, während Billboard sie zur »Woman of the Decade« kürt. Diese Auszeichnungen bedeuten ihr viel. Ihre Dankesrede nutzt sie, um ihre Vergangenheit Revue passieren zu lassen und um Kolleginnen und Nachwuchstalente zu stärken.

Der Style

In der *Lover*-Era ist der Name Programm: Verträumte Pastelltöne, romantische Herzen, fließende Stoffe und jede Menge Rosa dominieren Taylors Looks zu dieser Zeit. Ihre Haarspitzen färbt sie ebenfalls temporär in Pastellfarben. Auch optisch hebt sich die Künstlerin stark von ihrer vorangegangenen »dunklen« Zeit der *reputation*-Era ab.

Die Tour

Das »Lover Fest« mit insgesamt 17 Terminen weltweit hätte eigentlich im April 2020 starten sollen, doch die Coronapandemie machte ihr einen Strich durch die Rechnung. Zunächst wurde die Tour ins Jahr 2021 verlegt, bevor sie komplett abgesagt wurde.

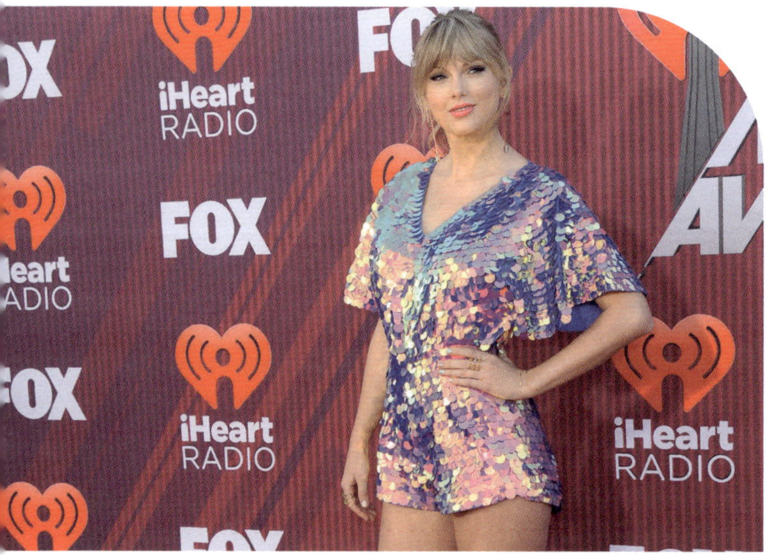

folklore & evermore

Albumname: *folklore*
Veröffentlichungsdatum: 24.07.2020
Laufzeit: 63:29 Minuten
Erste Single: »cardigan«
Albumverkäufe USA: 2 000 000
Albumverkäufe DE: n. a.

Albumname: *evermore*
Veröffentlichungsdatum: 11.12.2020
Laufzeit: 60:38 Minuten
Erste Single: »willow«
Albumverkäufe USA: 1 000 000
Albumverkäufe DE: n. a.

Die Entstehung

Im Jahr 2020 muss die geplante *Lover*-Tour aufgrund der Coronapandemie abgesagt werden. Wie der Rest der Welt steht auch Taylor auf einmal vor der Frage: Was jetzt? Die Isolation bewältigt sie mit dem Werkzeug, das ihr schon immer geholfen hat: Songs schreiben. Völlig unerwartet entstehen daraus gleich zwei neue Alben, die aufgrund ihres frischen Sounds von Swifties und Kritikern gleichermaßen in den Himmel gelobt werden. Der etablierten Pop-Queen gelingt es, authentisch nach Folk und Indie zu klingen und dabei auch lyrisch völlig neue Perspektiven einzunehmen. Aber von vorn.

Als Taylor im Frühjahr 2020 beginnt, neue Titel zu komponieren, rechnet sie selbst nicht damit, dass daraus ein Album wird. Es dauert jedoch nicht lange, bis sich ihr neues Werk immer deutlicher formt. Dabei durchlebt die Künstlerin viele neue Erfahrungen: Weil alle Aufnahmestudios geschlossen sind, richtet sie sich zu Hause ein eigenes Studio ein.

Aaron Dessner (The National), Justin Vernon (Bon Iver) und ihr langjähriger Mit-Produzent Jack Antonoff arbeiten aus der Ferne mit an *folklore*. Erst im

September 2020 spielen die Musiker die Platte im Rahmen der »Long Pond Studio Sessions« live zusammen. Obwohl der ungewohnte Prozess Taylor zunächst Angst macht, kreieren sie gemeinsam großartige Songs.

Im Gegensatz zum Entstehungsprozess der vorherigen Alben hat Taylor bei *folklore* das Gefühl, noch ein wenig länger in der magischen Welt bleiben zu wollen, die sie erschaffen hat. Und so erscheint mit *evermore* nur viereinhalb Monate später das Schwesternalbum zu *folklore*.

Der Inhalt

Mit diesen beiden Alben wendet sich Taylor erstmals von ihrer sonst typischen Perspektive ab. Sie verarbeitet hier keine autobiografischen Erlebnisse, sondern erzählt fantasievolle Geschichten von fiktiven Charakteren – unter Fans ist vor allem die Handlung über das Liebesdreieck beliebt, das in den Titeln »cardigan«, »betty« und »august« behandelt wird.

Beide Alben handeln von Eskapismus, Nostalgie, Figuren mit Geheimnissen, Suchterkrankungen, Politik, gescheiterten Beziehungen und den Umgang damit. »My Tears Ricochet«, der fünfte Song auf *folklore*, ist der erste, den Taylor für das Album verfasst. Es geht um Karma, Gier und beste Freunde, die zu Feinden werden. Schon beim Schreiben ist der Sängerin klar, dass das vermutlich der fünfte Titel werden wird.

Der fünfte Track auf *evermore* ist »champagne problems«, über den sie selbst sagt: »Es geht um zwei langjährige College-Sweethearts, die sehr unterschiedliche Pläne für dieselbe Nacht hatten. Einer wollte Schluss machen, der andere hatte einen Ring mitgebracht.«

Klangtechnisch konzentrieren sich beide Alben auf verträumt himmlische Sounds von Piano, Streichern und Gitarre, während digitale Beats nur sehr sparsam und zurückhaltend eingesetzt werden. Poppige Mega-Produktionen tauscht sie gegen sanfte Balladen aus. Im direkten Vergleich klingt *evermore* etwas experimenteller und wilder als das Schwesternalbum.

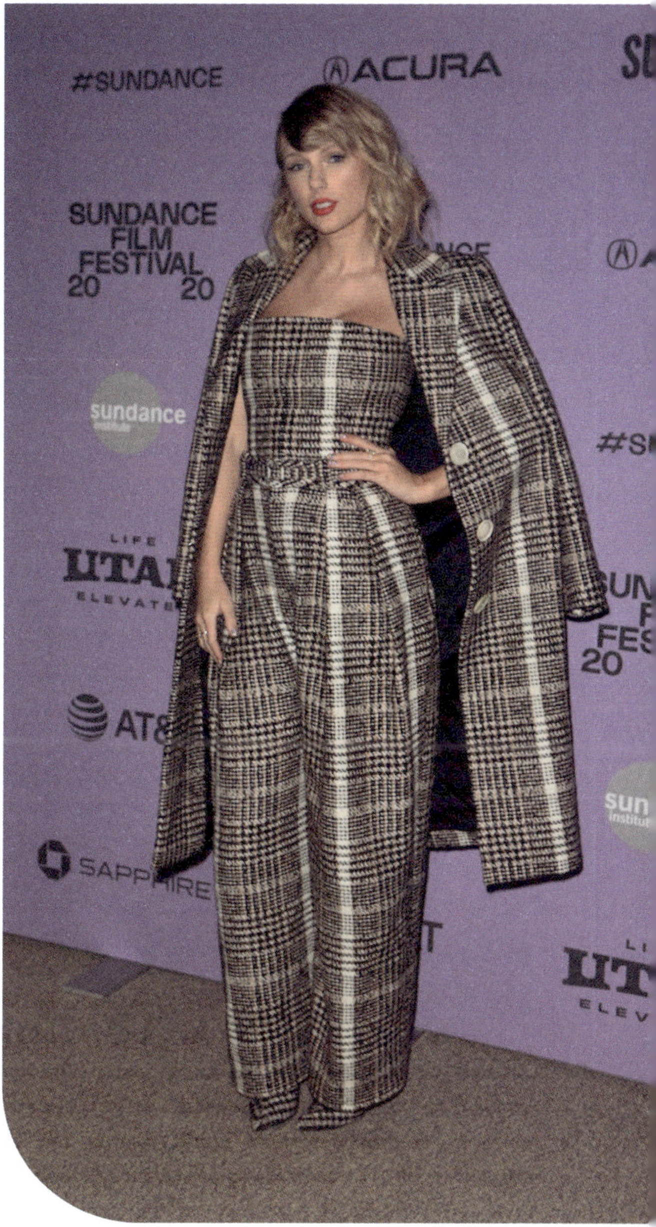
#SUNDANCE
ACURA
SUNDANCE
FILM
FESTIVAL
20 20
sundance
LIFE

Die Veröffentlichung

folklore erscheint am 24. Juli 2020 als Überraschungsalbum. Nur 16 Stunden vorher hatte Taylor die Platte auf ihren Social-Media-Accounts mit den Worten angekündigt: »Wenn du etwas machst, das du liebst, solltest du es einfach in die Welt setzen.« Um kleinere Plattenläden während der Coronapandemie zu unterstützen, verschickt die Musikerin rund einen Monat nach Release limitierte signierte *folklore*-CDs an diese, damit sie sie verkaufen können.

Die Pandemie sorgt bei Taylor gewissermaßen für eine Konzentration auf das Wesentliche. Ihr unerreichtes Songwriting-Talent strahlt auf *folklore* und *evermore* besonders hell – und das schlägt sich auch im Erfolg der Alben nieder. *folklore* wird zum erfolgreichsten Album 2020 und hält sich acht Wochen an der Spitze der Billboard-Hot-200-Charts. Außerdem gewinnt die Künstlerin für die Platte den Grammy-Award für das Album des Jahres.

Am 25. November 2020 erscheint die Dokumentation *folklore: the long pond studio sessions* auf Disney+. Hier hören Swifties erstmals eine Live-Version der Songs und erfahren Hintergrundinfos zu deren Entstehung. Zeitgleich wird ein Live-Album zu der Dokumentation veröffentlicht.

Als *evermore* im Dezember 2020 herauskommt, erreicht es ebenso wie *folklore* über eine Million Verkäufe in der ersten Woche und ist damit das dritte Taylor-Swift-Album in 16 Monaten, dem dieser Erfolg zuteilwird. Außerdem wird Taylor Swift zur ersten Frau in der Chart-Geschichte, die zwei Alben gleichzeitig in den Top drei der Charts vorweisen kann.

Der Style

Taylors Look während der *folklore/evermore*-Era ist genau so frei wie dessen Lieder. Sie wandert in Kuschelpullis oder wallenden Kleidern durch die Felder, den Pony in wilden Wellen vor ihrer Stirn. Karierte Wollmäntel und Rollkragenpullover runden den Style in der kälteren Jahreszeit ab. Es herrschen neutrale Farben vor.

Midnights

Albumname: *Midnights*
Veröffentlichungsdatum: 21.10.2022
Laufzeit: 44:02 Minuten
Erste Single: »Anti-Hero«
Albumverkäufe USA: 2 000 000
Albumverkäufe DE: 100 000

Die Entstehung

Im August 2022 erhält Taylor den »Video of the Year«-Award von MTV für ihren Kurzfilm *All Too Well.* Während ihrer Dankesrede hat sie eine Mega-Überraschung für alle Swifties in petto: Am 21. Oktober wird ihr neues Album erscheinen. »Um Mitternacht werdet ihr mehr erfahren«, lässt sie ihre Fans wissen. Was diese zu dem Zeitpunkt nicht ahnen: Bei dieser Bemerkung handelt es sich natürlich auch um den Titel des Albums – *Midnights.*

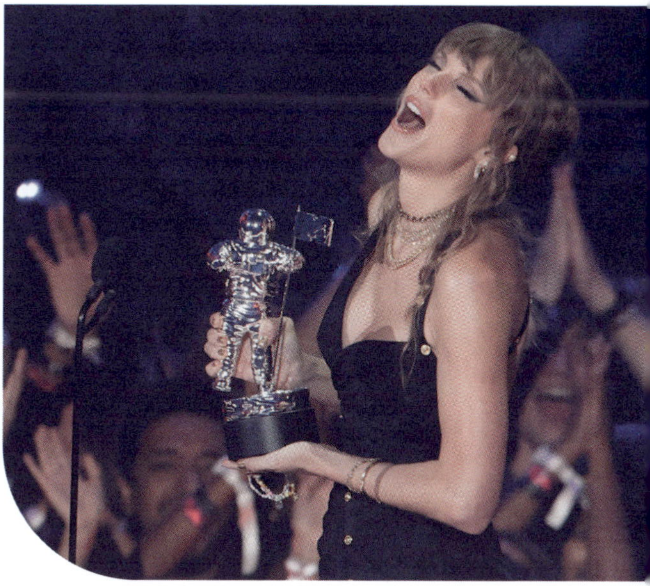

»Es ist eine Sammlung von Musik, die mitten in der Nacht geschrieben wurde. Eine Reise zwischen Terror und süßen Träumen. Es ist für alle, die sich hin und her gewälzt haben und beschlossen haben, das Licht brennen zu lassen und auf die Suche zu gehen – in der Hoffnung, dass wir uns vielleicht, wenn die Uhr zwölf schlägt, ... selbst begegnen.« So eindrucksvoll beschreibt Taylor ihr zehntes Album *Midnights*.

Der Inhalt

Thematisch bezieht sich das Album auf die Vergangenheit. Die Sängerin selbst sagt, sie habe für die Platte an 13 verschiedene Mitternächte ihres Lebens zurückgedacht. Dadurch erreicht sie eine besonders hohe Emotionsvielfalt. Von sorglosen, durchgetanzten Nächten bis hin zu Sinnkrisen morgens um zwei Uhr ist alles dabei.

Nachdem sich Taylor mit *folklore* und *evermore* vom autobiografischen Schreiben abgewendet und auf fiktive Geschichten und Figuren konzentriert hat, kehrt sie auf *Midnights* zu ihren eigenen Erlebnissen zurück. Dank der

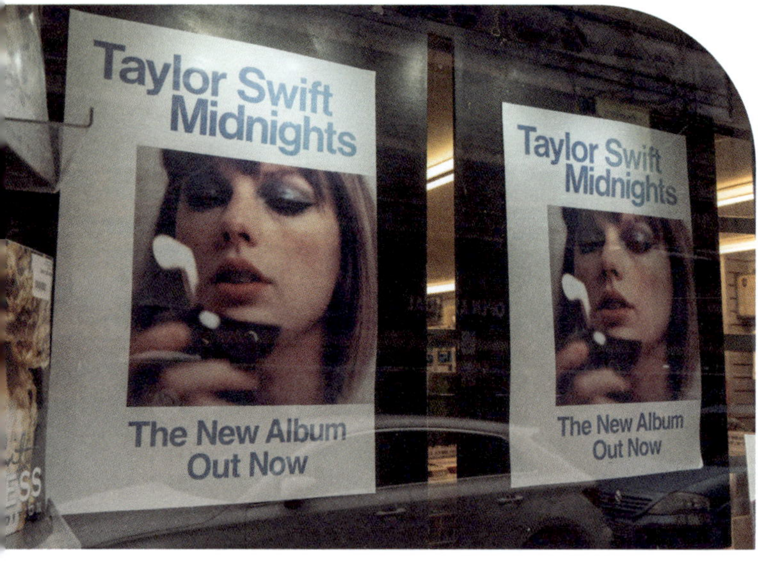

zwischenzeitlichen Distanz klingt ihr Songwriting jetzt noch einmal kunstvoller und tiefgründiger.

So wirkt die Platte wie eine Verschmelzung früherer Taylor-Swift-Alben: Wer genau hinhört, entdeckt viele Bezüge zu Taylors früheren Ichs. Während »You're On Your Own, Kid« an die Country-Taylor von damals erinnert, sampelt »Question...?« den *1989*-Titel »Out Of The Woods«. Doch auch für alle Nicht-Swifties hat *Midnights* einiges zu bieten. Vintage-Synthesizer, gedämpfte Beats und verspielte Melodien sorgen für einen coolen Retro-Sound. Die Zusammenarbeit mit Lana Del Rey (»Snow On The Beach«) fügt sich nahtlos in den mühelosen Vibe dieses Albums ein.

»You're On Your Own, Kid« ist der fünfte Song. Wer auf den Text hört, versteht auch schnell, warum: Es geht zunächst um die schmerzhafte Erkenntnis, dass man im Leben vor allem auf sich allein gestellt ist. Im Laufe des Songs wird die Klanglandschaft jedoch immer voller und die Protagonistin findet einen Weg zu sich selbst. Aus diesem Lied stammt auch die beliebte Zeile »So make the friendship bracelets, take the moment and taste it« – gemeint sind natürlich die typischen Swiftie-Freundschaftsbänder.

Die Veröffentlichung

In den ersten 24 Stunden nach der Veröffentlichung wird *Midnights* 185 Millionen Mal auf Spotify gestreamt – ein absoluter Rekord. Die Lead-Single »Anti-Hero« entwickelt sich in den USA zum erfolgreichsten Song des Jahres 2022. Das Album bricht unzählige Rekorde und verkauft sich innerhalb der ersten Woche über 1,5 Millionen Mal. Drei Stunden nach dem Release von *Midnights* erscheint außerdem die »3am Edition« mit sieben Extratiteln. Alle 20 Tracks schaffen es in die Top 45 der Charts.

Auch in Deutschland erreicht Taylor neue Höhen: *Midnights* klettert als erstes Taylor-Swift-Album auf Platz eins der Charts und der Vinylcharts. Außerdem erhält es sechs Grammy-Nominierungen – zwei davon gewinnt es, darunter auch den Award für das »Album des Jahres«. Damit ist Taylor die meistprämierte Person in dieser Kategorie.

Der Style

Auf den roten Teppichen und bei öffentlichen Auftritten zeigt Taylor sich in der *Midnights*-Era ausgesprochen glamourös. Fake Fur trifft auf glitzernde Sterne, feminine High Heels oder funkelnde Diamanten. Zu Hause setzt sie stattdessen auf Streifen, neutrale Farben und Hosen mit weitem Bein.

Die Tour

Im März 2023 startet die The Eras Tour, eine Konzertreihe, die nicht nur ihr neues Album *Midnights* promotet, sondern eine Feier ihrer gesamten Diskografie darstellt. In über dreieinhalb Stunden feiern Taylor und Swifties gleichermaßen Erinnerungen an die Vergangenheit und Hoffnungen für die Zukunft. Bis Ende 2024 wird Taylor 151 Shows auf fünf Kontinenten gespielt haben und die Konzertreise gilt bereits jetzt als die umsatzstärkste Tour aller Zeiten.

Mit der *Midnights*-Era erschließt sich für Taylor ein ganz neues Level an Ruhm und Anerkennung. Wo ihr Bekanntheitsgrad schon vorher als unermesslich hoch galt, erreicht er ab 2023 ungeahnte Sphären. Sie ist einfach überall, gewinnt jeden Preis und fährt einen Erfolg nach dem anderen ein – und sie scheint sich damit so wohl zu fühlen wie niemals zuvor.

Quiz:
Welche Era passt zu dir?

Mit jedem Albumzyklus, von *Taylor Swift* bis *Midnights*, hat uns Taylor ganz unterschiedliche Facetten ihrer Persönlichkeit gezeigt und uns an ihrer Biografie teilhaben lassen. Wir haben sie erwachsen werden sehen: Das einst unbekümmerte junge Mädchen mit Lockenmähne und wehenden Kleidern wurde zur größten Popkünstlerin der Welt, die ihre Stimme für den guten Zweck einsetzt. Dabei hat sie musikalisch und optisch ganz unterschiedliche Eras durchlaufen. In diesem Quiz findest du heraus, welche der Eras am besten zu dir passt!

1. Welcher Musikstil gefällt dir am besten?

a. EDM/Electro
b. Country
c. Indie
d. Pop

2. Wähle einen Song »From The Vault«:

a. »Castles Crumbling (feat. Hayley Williams)«
b. »Don't You«
c. »When Emma Falls In Love«
d. »Is It Over Now?«

3. Welche Farbpalette spricht dich am meisten an?

a. Schwarz, Flaschengrün, Weinrot, Eisgrau
b. Goldgelb, Beige, Ocker, Lehmbraun
c. Silber, Schiefergrau, Moosgrün, Weiß
d. Indigoblau, Babyblau, Apricot, Perlweiß

4. Wie würdest du deinen Geburtstag am liebsten feiern?

a. Im kleinsten Kreis, mit meinen besten Freunden und meiner Familie in einem schicken Restaurant

b. Zu Hause mit meiner Familie und einer großen Torte

c. Allein zu Hause mit einem guten Buch in meinem kuscheligen Bett

d. Ich schmeiße eine riesige Poolparty mit all meinen Freunden

5. Wo würdest du am liebsten wohnen?

a. Irgendwo da, wo mich niemand kennt

b. Auf einem Bauernhof mit vielen Tieren

c. Mitten im Wald, umgeben von der Natur

d. In der Großstadt, zum Beispiel in New York

6. Mit welchem Wort würden andere dich am ehesten beschreiben?

a. Selbstbewusst

b. Unbekümmert

c. Reflektiert

d. Lebensfroh

7. Wie verhältst du dich, wenn dir Unrecht widerfährt?

a. Ich stehe für mich ein und stelle mich der Situation.

b. Ich suche den Fehler bei mir und versuche, es beim nächsten Mal noch besser zu machen.

c. Ich verarbeite die Sache für mich und mache etwas Positives daraus.

d. Ich bespreche die Situation mit meinen Freunden und versuche, darüber hinwegzukommen.

8. Welche Lyrics passen am besten zu dir?

a. »And I bury hatchets but I keep maps of where I put 'em.«

b. »And I don't know why, but with you I'd dance in a storm in my best dress, fearless.«

c. »I had a marvelous time ruining everything.«

d. »The rest of the world is black and white, but we were in screaming color.«

9. Welchen Feiertag findest du am besten?
a. Halloween
b. Ostern
c. Weihnachten
d. Geburtstage

10. Welches Kleidungsstück darf in deinem Kleiderschrank nicht fehlen?
a. Ein cooler Hoodie in Schwarz
b. Ein farbenfrohes Sommerkleid
c. Ein kuscheliger Cardigan
d. Ein stylishes Crop Top

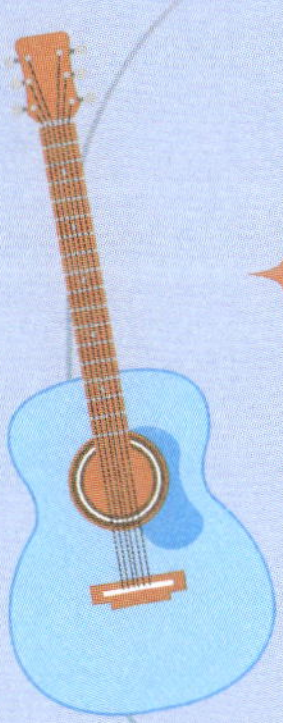

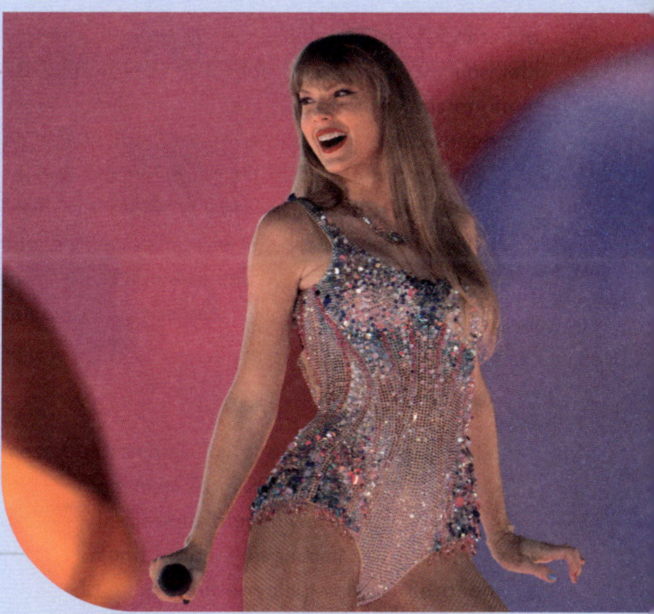

Die Auflösung gibt es auf der nächsten Seite … →

Auflösung:

Du hast hauptsächlich a) gewählt: reputation

Wenn man dich kurz und knackig beschreiben müsste, würde man wohl sagen: harte Schale, weicher Kern. Fremde bezeichnen dich vielleicht als unnahbar oder distanziert, aber deine Freunde wissen, dass sie sich immer auf dich verlassen können. Du bist loyal und stehst für dich und deine Mitmenschen ein, wenn es nötig ist. Außerdem bist du witzig, mutig und hast das Herz am rechten Fleck. Vertraue auf deinen Inner Circle und versuche, der Welt nicht zu skeptisch zu begegnen.

Du hast hauptsächlich b) gewählt: Fearless

Freundlich, zuvorkommend, liebevoll. Diese oder ähnliche Adjektive würde deine Familie wohl nennen, wenn sie nach deinem Charakter gefragt wird. Du bist stets darauf bedacht, das Richtige zu tun und andere nicht vor den Kopf zu stoßen. Doch wer denkt, du seist naiv, der irrt sich gewaltig: Du hast einfach eine positive Lebenseinstellung und begegnest Herausforderungen mit viel Ehrgeiz und Motivation. Sei nicht zu hart zu dir selbst und stehe auch für dich ein, wenn es nötig ist!

Du hast hauptsächlich c) gewählt: folklore

Barfuß auf einer Wiese und mit Blumen im zerzausten Haar – hier wärst du vermutlich genau in deinem Element. Du verbringst gern Zeit allein in der Natur und denkst nach. Deine Mitmenschen beschreiben dich als leisen, in sich ruhenden und reflektierten Menschen. Du hast einiges erlebt und gelernt, damit umzugehen. Das verpackst du dann in etwas Neues: Vielleicht malst du gern, schreibst Geschichten oder machst Musik? Wenn nicht, ist es möglicherweise an der Zeit, deine künstlerische Ader zu entdecken!

Du hast hauptsächlich d) gewählt: 1989

Dein Motto lautet: Auf ins nächste Abenteuer! Du liebst es, Zeit mit deinen Freunden zu verbringen und gemeinsam aufregende Dinge zu erleben. Eine neue Frisur austesten, eine lustige Pyjamaparty feiern oder zu einem spontanen Roadtrip aufbrechen? Du scheust vor nichts zurück! Deine Liebsten schätzen dich für deine verrückten Ideen und dafür, dass du jederzeit bereit für einen Ausflug bist. Gönne dir jedoch auch Pausen zum Reflektieren und Ausruhen. Die Welt läuft dir nicht davon.

Quellen

Einführung

Hunt, Helena: *Taylor Swift In Her Own Words*, Chicago 2019.

Wikipedia-Seite: »Taylor Swift/Auszeichnungen für Musikverkäufe«; https://de.wikipedia.org/wiki/Taylor_Swift/Auszeichnungen_f%C3%BCr_Musikverk%C3%A4ufe; abgerufen am 03.02.2024.

Taylors Biografie

Snowden, Jacqueline: *The Taylor Swift Fanbook*, Bath 2022.

Website: »Biography«; https://taylorswiftswitzerland.ch/index.php/biography/;abgerufen am 03.02.2024.

Website: »The Very Pink, Very Perfect Life of Taylor Swift«; https://www.rollingstone.com/music/music-country/the-very-pink-very-perfect-life-of-taylor-swift-107451/; abgerufen am 03.02.2024.

Wikipedia-Seite: »*Taylor Swift* (album)«; https://en.wikipedia.org/wiki/Taylor_Swift_(album); abgerufen am 03.02.2024.

Wilson, Lana (Regie): *Miss Americana*, Tremolo Productions, Netflix, USA 2020.

Wikipedia-Seite: »Taylor Swift/Auszeichnungen für Musikverkäufe«; https://de.wikipedia.org/wiki/Taylor_Swift/Auszeichnungen_f%C3%BCr_Musikverk%C3%A4ufe; abgerufen am 03.02.2024.

Instagram-Post: »Some real tough questions I had for Olivia.«; https://www.instagram.com/p/BYvoQopn2Ef/; abgerufen am 25.01.2024.

Wilson, Lana (Regie): *Miss Americana*, Tremolo Productions, Netflix, USA 2020.

Website: »A Look Back at Taylor Swift's 2009 Guest Appearance on CSI«; https://people.com/taylor-swift-csi-guest-appearance-2009-look-back-mom-andrea-little-freaked-out-8418315; abgerufen am 25.01.2024.

Website: »Ehrendoktorwürde für Taylor Swift«; https://www.faz.net/aktuell/gesellschaft/menschen/ehrendoktorwuerde-fuer-taylor-swift-18041962.html; abgerufen am 25.01.2024.

Website: »Nils Sjöberg«; https://taylorswiftswitzerland.ch/index.php/wiki/nils-sjoeberg/; abgerufen am 25.01.2024.

Website: »Taylor Swift: 25 Things You Don't Know About ME! (Exclusive)«; https://www.usmagazine.com/entertainment/news/taylor-swift-gave-high-school-friends-mace-for-protection-w166601/; abgerufen am 25.01.2024.

Website: »Taylor Swift's Hot Pink Manicure Is Perfect For Girl's Night«; https://www.byrdie.com/taylor-swift-hot-pink-manicure-8549420; abgerufen am 25.01.2024.

Website: »Taylor Swift Opens Up About Being a Godmother«; https://www.harpersbazaar.com/celebrity/latest/a13734/taylor-swift-godmother-jaime-king-instagram/; abgerufen am 25.01.2024.

Youtube-Video: »73 Questions With Taylor Swift | Vogue«; https://www.youtube.com/watch?v=XnbCSboujF4; abgerufen am 25.01.2024.

Youtube-Video: »THE LORAX – TAYLOR SWIFT on Audrey«; https://www.youtube.com/watch?v=Bh_VSWZZ12M; abgerufen am 25.01.2024.

Trau dich, du selbst zu sein

Mediathek-Audio: »›Anything That Connects‹: A Conversation With Taylor Swift«; https://www.npr.org/2014/10/31/359827368/anything-that-connects-a-conversation-with-taylor-swift; abgerufen am 29.11.2023.

Vimeo-Video: »Taylor Swift *1989*«; https://vimeo.com/131453676; abgerufen am 07.12.2023 .

Website: »2023 Person Of The Year: Taylor Swift«; https://time.com/6342806/person-of-the-year-2023-taylor-swift/; abgerufen am 07.12.2023.

Website: »Taylor Swift in Wonderland«; https://www.rollingstone.com/music/music-news/taylor-swift-in-wonderland-180107/; abgerufen am 30.11.2023.

Website: »Swift Ascent«; https://www.teenvogue.com/story/teen-vogue-cover-girl-taylor-swift-090126; abgerufen am 29.11.2023.

Website: »Taylor Swift's Success Story«; https://www.oprah.com/entertainment/taylor-swifts-success-story/all; abgerufen am 30.11.2023.

Wilson, Lana (Regie): *Miss Americana*, Tremolo Productions, Netflix, USA 2020.

Youtube-Video: »NYU's 2022 Commencement Speaker Taylor Swift«; https://www.youtube.com/watch?v=OBG50aoUwlI; abgerufen am 29.11.2023.

Youtube-Video: »Taylor Swift Got Into 2 Car Accidents In One Day | Letterman«; https://www.youtube.com/watch?v=xbxwt-061iM; abgerufen am 30.11.2023.

Youtube-Video: »Taylor Swift: Unplugged at Studio 330«; https://www.youtube.com/watch?v=eiK6CW0-yRQ&t; abgerufen am 28.11.2023.

Youtube-Video: »The exclusive Interview with Taylor Swift (2014)«; https://www.youtube.com/watch?v=0kwl4nZxn6M; abgerufen am 28.11.2023.

Youtube-Video: »The extraordinary Taylor Swift interviewed at The Hot Desk by Dave Berry«; https://youtu.be/V3ZXAxfLapM?si=UA_Ii8R-vYkW0ZnSy; abgerufen am 28.11.2023.

Sei zielstrebig, jedoch sanft zu dir selbst

Mediathek-Audio: »Taylor Swift Actually Predicted This Mess Might Happen In An Interview With Us Last Year«; https://www.capitalfm.com/artists/taylor-swift/news/dreams-anxieties-fears/; abgerufen am 09.12.2023.

Website: »30 Things I Learned Before Turning 30«; https://www.elle.com/culture/celebrities/a26628467/taylor-swift-30th-birthday-lessons/; abgerufen am 09.12.2023.

Website: »Swift Ascent«; https://www.teenvogue.com/story/teen-vogue-cover-girl-taylor-swift-090126; abgerufen am 08.12.2023.

Website: »Taylor Swift Cover Story«; https://www.vogue.com.au/celebrity/interviews/read-vogues-taylor-swift-cover-story-here/news-story/914d420462af01b839a4374cbbb016c0; abgerufen am 09.12.2023.

Website: »Taylor Swift's road to fame«; https://ew.com/article/2008/02/05/taylor-swifts-road-fame/; abgerufen am 09.12.2023.

Website: »Taylor Swift's Success Story«; https://www.oprah.com/entertainment/taylor-swifts-success-story/all; abgerufen am 08.12.2023.

Website: »The ESQ&A: Taylor Swift, In Between Eras (Published 2014)«; https://www.esquire.com/entertainment/music/a30491/taylor-swift-1114/; abgerufen am 09.12.2023.

Website: »The Power of Taylor Swift«; https://time.com/3583129/power-of-taylor-swift-cover/; abgerufen am 08.12.2023.

Wilson, Lana (Regie): *Miss Americana*, Tremolo Productions, Netflix, USA 2020.

Youtube-Video: »NYU's 2022 Commencement Speaker Taylor Swift«; https://www.youtube.com/watch?v=OBG50aoUwlI; abgerufen am 09.12.2023.

Youtube-Video: »Taylor Swift's First Interview with Ellen!«; https://www.youtube.com/watch?v=vBgiDYBCuxY; abgerufen am 09.12.2023.

Feiere deine Erfolge, ohne abzuheben

Tweet: »Happy Birthday @taylorswift13«; https://twitter.com/paulsidoti/status/1073349428533231622; abgerufen am 16.12.2023.

Website: »Taylor Swift Gives Bonuses Totaling Over $55 Million to Every Person Working on Massive Eras Tour«; https://people.com/taylor-swift-gives-bonuses-totaling-55-million-every-person-working-eras-tour-7568556; abgerufen am 16.12.2023.

Website: »Taylor Swift: ›I was literally about to break‹«; https://www.theguardian.com/music/2019/aug/24/taylor-swift-pop-music-hunger-games-gladiators; abgerufen am 16.12.2023.

Website: »Taylor Swift In Wonderland«; https://www.rollingstone.com/music/music-news/taylor-swift-in-wonderland-180107/; abgerufen am 16.12.2023.

Website: »Taylor Swift on ›Bad Blood‹, Kanye West, and How People Interpret Her Lyrics«; https://www.gq.com/story/taylor-swift-gq-cover-story/; abgerufen am 16.12.2023.

Website: »Taylor Swift Vaults Into Billionare Ranks With Blockbuster Eras Tour«; https://www.bloomberg.com/graphics/2023-taylor-swift-net-worth-billionaire/; abgerufen am 16.12.2023.

Website: »The Reign of Taylor Swift! The Pop Superstar Tops PEOPLE's 2023 Most Intriguing People of the Year List«; https://people.com/taylor-swift-tops-people-2023-most-intriguing-people-list-8410695; abgerufen am 16.12.2023.

Youtube-Video: »Taylor Swift Barbra Walters Interview«; https://www.youtube.com/watch?v=P-TFhUq3otQ; abgerufen am 16.12.2023.

Youtube-Video: »Taylor Swift on the Alan Titchmarsh Show«; https://www.youtube.com/watch?v=HYKsFr3jt_s; abgerufen am 16.12.2023.

Habe keine Angst zu scheitern

Coletti, Alex (Regie): *VH1 Storytellers: Taylor Swift*, VH1 Television, USA 2012.

Mediathek-Audio: »›Anything That Connects‹: A Conversation With Taylor Swift«; https://www.npr.org/2014/10/31/359827368/anything-that-connects-a-conversation-with-taylor-swift; abgerufen am 17.12.2023.

Website: »2023 PERSON OF THE YEAR«; https://time.com/6342806/person-of-the-year-2023-taylor-swift/; abgerufen am 23.12.2023.

Website: »Don't know what else to do«; https://taylorswift.tumblr.com/post/189068976205/dont-know-what-else-to-do; abgerufen am 23.12.2023.

Website: »For years I asked, pleaded for a chance«; https://taylorswift.tumblr.com/post/185958366550/for-years-i-asked-pleaded-for-a-chance-to-own-my; abgerufen am 23.12.2023.

Website: »Grammys«; https://lefsetz.com/wordpress/2010/02/01/grammys/; abgerufen am 17.12.2023.

Website: »Taylor Swift: Das *Rolling Stone*-Interview«; https://www.rollingstone.de/taylor-swift-das-rolling-stone-interview-1777109/; abgerufen am 17.12.2023.

Website: »Taylor Swift: Entertainer of the Year«; https://ew.com/article/2010/12/03/taylor-swift-entertainer-year-2/; abgerufen am 17.12.2023.

Website: »Taylor Swift masters dispute«; https://en.wikipedia.org/wiki/Taylor_Swift_masters_dispute; abgerufen am 23.12.2023.

Website: »Taylor Swift Talks Friends, Fears and Fairy Tales«; https://theboot.com/taylor-swift-talks-friends-fears-and-fairytales/; abgerufen am 17.12.2023.

Wilson, Lana (Regie): *Miss Americana*, Tremolo Productions, Netflix, USA 2020.

Youtube-Video: »NYU's 2022 Commencement Speaker Taylor Swift«; https://www.youtube.com/watch?v=OBG50aoUwlI; abgerufen am 17.12.2023.

Youtube-Video: »Taylor Swift | Album of the Year | 58th GRAMMYs«; https://www.youtube.com/watch?v=dMCAEUb0h34; abgerufen am 23.12.2023.

Youtube-Video: »Taylor Swift for *Vogue Australia* November 2015«; https://www.youtube.com/watch?v=wqdpRcKU6FI; abgerufen am 17.12.2023.

Finde neue Kraft

Snowden, Jacqueline: *The Taylor Swift Fanbook*, Bath 2022.

Website: »30 Things I Learned Before Turning 30«; https://www.elle.com/culture/celebrities/a26628467/taylor-swift-30th-birthday-lessons/; abgerufen am 31.12.2023.

Website: »*Speak Now* (Taylor's Version) full prologue«; https://www.reddit.com/r/TaylorSwift/comments/14sh6fx/speak_now_taylors_version_full_prologue/; abgerufen am 30.12.2023.

Website: »Taylor Swift: Apple Crusader, #GirlSquad Captain, and the Most Influential 25-Year-Old in America«; https://www.vanityfair.com/style/2015/08/taylor-swift-cover-mario-testino-apple-music; abgerufen am 30.12.2023.

Website: »Taylor Swift: Das *Rolling Stone*-Interview«; https://www.rollingstone.de/taylor-swift-das-rolling-stone-interview-1777109/; abgerufen am 31.12.2023.

Website: »Taylor Swift Dealt With Singing Criticism by Taking Voice Lessons, She Says in Speak Now Letter«; https://www.teenvogue.com/story/taylor-swift-criticism-voice-lessons-speak-now-letter; abgerufen am 30.12.2023.

Website: »Taylor Swift: ›I was literally about to break‹«; https://www.theguardian.com/music/2019/aug/24/taylor-swift-pop-music-hunger-games-gladiators; abgerufen am 30.12.2023.

Youtube-Video: »Taylor Swift on Lover and haters«; https://www.youtube.com/watch?v=nDzhoofkRJI; abgerufen am 30.12.2023.

Youtube-Video: »Taylor Swift talks photo bombing, influences and fashion«; https://www.youtube.com/watch?v=hKvmP7BsLGQ; abgerufen am 30.12.2023.

Youtube-Video: »The Giver: Full New York Press Conference«; https://www.youtube.com/watch?v=YUqDOeAH798; abgerufen am 30.12.2023.

Liebe dich selbst

Mediathek-Audio: »›Anything That Connects‹: A Conversation With Taylor Swift«; https://www.npr.org/2014/10/31/359827368/anything-that-connects-a-conversation-with-taylor-swift; abgerufen am 01.01.2024.

Website: »30 Things I Learned Before Turning 30«; https://www.elle.com/culture/celebrities/a26628467/taylor-swift-30th-birthday-lessons/; abgerufen am 01.01.2024.

Website: »›I Was Angry.‹ Taylor Swift on What Powered Her Sexual Assault Testimony«; https://time.com/5049659/taylor-swift-interview-person-of-the-year-2017/; abgerufen am 01.01.2024.

Website: »Taylor Swift Opens Up About Overcoming Struggle With Eating Disorder (Exclusive)«; https://variety.com/2020/music/news/taylor-swift-eating-disorder-netflix-documentary-miss-americana-1203478047/; abgerufen am 01.01.2024.

Website: »The Silence Breakers«; https://time.com/time-person-of-the-year-2017-silence-breakers/; abgerufen am 01.01.2024.

Wilson, Lana (Regie): *Miss Americana*, Tremolo Productions, Netflix, USA 2020.

Youtube-Video: »A Phone Call From Taylor Swift! – ME! New Album & Brendon Urie«; https://www.youtube.com/watch?v=cu_GJPyxt0E; abgerufen am 01.01.2024.

Youtube-Video: »Taylor Swift – Seventeen Cover Cam«; https://www.youtube.com/watch?v=p4R-laxyVnQ; abgerufen am 01.01.2024.

Youtube-Video: »Taylor Swift to her fans: ›I love you so much‹ I GMA«; https://www.youtube.com/watch?v=Emc-IXkXm7I; abgerufen am 01.01.2024.

Youtube-Video: »Tied Together With A Smile (Commentary)«; https://music.youtube.com/watch?v=4sfnPfluFZ0&list=OLAK5uy_mhmVoEojPT6u2-VWZiqihMomKM9CBoaAI; abgerufen am 01.01.2024.

Swiftie-Liebe

Hunt, Helena: Taylor Swift In Her Own Words, Chicago 2019.

Instagram-Post: »Bracelets«; https://www.instagram.com/p/B0yzUuGjB7q/?hl=de; abgerufen am 03.01.2024.

Snowden, Jacqueline: The Taylor Swift Fanbook, Bath 2022.

TikTok-Post: »Eras Tour Bracelets Tutorial«; https://vm.tiktok.com/ZGe2YGdk1/; abgerufen am 03.01.2024.

Vimeo-Video: »Taylor Swift 1989«; https://vimeo.com/131453676; abgerufen am 03.01.2024.

Website: »Exclusive: Taylor Swift on Being Pop's Instantly Platinum Wonder ... And Why She's Paddling Against the Streams«; https://www.yahoo.com/entertainment/blogs/music-news/exclusive--taylor-swift-on-being-pop-s-instantly-platinum-wonder----and-why-she-s-paddling-against-the-streams-085041907.html; abgerufen am 04.01.2024.

Website: »Sweetest Friendship Bracelet Moments at Taylor Swift's Eras Tour«; https://www.billboard.com/lists/taylor-swifts-eras-tour-friendship-bracelets/friendship-bracelet-dress/; abgerufen am 03.01.2024.

Website: »Taylor Swift Dishes on Her New Album Red, Dating, Heartbreak, and Grey's Anatomy«; https://www.thedailybeast.com/taylor-swift-dishes-on-her-new-album-red-dating-heartbreak-and-greys-anatomy; abgerufen am 04.01.2024.

Website: »Taylor Swift divulges the secrets to her album Easter eggs in EW's exclusive video«; https://ew.com/music/2019/05/09/taylor-swift-secrets-album-easter-eggs/; abgerufen am 04.01.2024.

Website: »Taylor Swift, Entering a New Era, Sticks to a Safe Space: Tumblr«; https://www.nytimes.com/2017/11/08/arts/music/taylor-swift-*reputation*-swifties-tumblr.html; abgerufen am 04.01.2024.

Website: »Taylor Swift interview: ›What you didn't know about ME!‹«; https://www.independent.co.uk/arts-entertainment/music/features/taylor-swift-me-interview-new-music-video-latest-a8928306.html; abgerufen am 04.01.2024.

Website: »Why Taylor Swift Is the Reigning Queen of Pop«; https://www.vulture.com/2013/11/taylor-swift-reigning-queen-of-pop.html; abgerufen am 03.01.2024.

Youtube-Video: »Taylor Swift – #VEVOCertified, Pt. 3: Taylor Talks About Her Fans«; https://www.youtube.com/watch?v=ehLpOcjqkRk; abgerufen am 03.01.2024.

Youtube-Video: »Innocent (Commentary)«; https://music.youtube.com/watch?v=4sfnPflu FZ0&list=OLAK5uy_mhmVoEojPT6u2-VWZiqih MomKM9CBoaAI; abgerufen am 03.01.2024.

Youtube-Video: »Taylor Swift's Fangirls DIE at Secret Listening Parties – The Graham Norton Show«; https://www.youtube.com/watch?v=7jLWyenqY5Y abgerufen am 04.01.2024.

Youtube-Video: »Taylor Swift Fearless Release Interview on Ellen 11/11/08 Part 1«; https://www.youtube.com/watch?app=desktop&v=aDn9i5jkrel; abgerufen am 03.01.2024.

Youtube-Video: »Taylor Swift on her relationship to her fans«; https://www.youtube.com/watch?v=9CNQJ5YWDvA; abgerufen am 04.01.2024.

Youtube-Video: »Taylor Swift: Reacts to being named the voice of her generation«; https://www.youtube.com/watch?v=eVSdF_Q_fLA; abgerufen am 03.01.2024.

Mit Freundschaft gegen Mobbing

Hunt, Helena: Taylor Swift In Her Own Words, Chicago 2019.

Snowden, Jacqueline: The Taylor Swift Fanbook, Bath 2022.

Mediathek-Audio: »›Anything That Connects‹: A Conversation With Taylor Swift«; https://www.npr.org/2014/10/31/359827368/anything-that-connects-a-conversation-with-taylor-swift; abgerufen am 06.01.2024.

Website: »2023 PERSON OF THE YEAR«; https://time.com/6342806/person-of-the-year-2023-taylor-swift/; abgerufen am 06.01.2024.

Website: »30 Things I Learned Before Turning 30«; https://www.elle.com/culture/celebrities/a26628467/taylor-swift-30th-birthday-lessons/; abgerufen am 06.01.2024.

Website: »How the Taylor Swift-Kanye West VMAs scandal became a perfect American morality tale«; https://www.vox.com/culture/2019/8/26/20828559/taylor-swift-kanye-west-2009-mtv-vmas-explained; abgerufen am 06.01.2024.

Website: »Selena Gomez Revealed Why She and Taylor Swift Have Such a Powerful Friendship«; https://www.teenvogue.com/story/selena-gomez-taylor-swift-powerful-friendship-wsj-interview; abgerufen am 06.01.2024.

Website: »Taylor Swift: Apple Crusader, #GirlSquad Captain, and the Most Influential 25-Year-Old in America«; https://www.vanityfair.com/style/2015/08/taylor-swift-cover-mario-testino-apple-music; abgerufen am 06.01.2024.

Website: »Taylor Swift on »Bad Blood«, Kanye West, and How People Interpret Her Lyrics«; https://www.gq.com/story/taylor-swift-gq-cover-story/; abgerufen am 06.01.2024.

Website: »The ESQ&A: Taylor Swift, In Between Eras (Published 2014)«; https://www.esquire.com/entertainment/music/a30491/taylor-swift-1114/; abgerufen am 06.01.2024.

Website: »The Reinvention of Taylor Swift«; https://www.rollingstone.com/music/music-news/the-reinvention-of-taylor-swift-116925/4/; abgerufen am 06.01.2024.

Youtube-Video: »Kanye West interrupts Taylor Swift during VMA Awards (*Miss Americana* Clip)«; https://www.youtube.com/watch?v=G5iEniUb33w; abgerufen am 06.01.2024.

Romantische Beziehungen

Mediathek-Audio: »›Anything That Connects‹: A Conversation With Taylor Swift«; https://www.npr.org/2014/10/31/359827368/anything-that-connects-a-conversation-with-taylor-swift; abgerufen am 07.01.2024.

Tweet: »Speak Now (Taylor's Version) Announcement«; https://twitter.com/taylorswift13/status/1654697334012366849?s=20; abgerufen am 07.01.2024.

Website: »Fearless Liner Notes«; https://genius.com/Taylor-swift-fearless-liner-notes-annotated; abgerufen am 07.01.2024.

Website: »Taylor Swift 1989 Secret Messages – Find Them Out Here!«; https://www.justjared.com/2014/10/27/taylor-swift-1989-secret-messages-find-them-out-here/; abgerufen am 07.01.2024.

Website: »Taylor Swift: Apple Crusader, #GirlSquad Captain, and the Most Influential 25-Year-Old in America«; https://www.vanityfair.com/style/2015/08/taylor-swift-cover-mario-testino-apple-music; abgerufen am 07.01.2024.

Website: »Taylor Swift Has No Regrets«; https://www.elle.com/fashion/a28210/taylor-swift-elle-june-cover-2015/; abgerufen am 07.01.2024.

Website: »Taylor Swift: ›I want to believe in pretty lies‹«; https://www.theguardian.com/music/2012/oct/18/taylor-swift-want-believe-pretty-lies; abgerufen am 08.01.2024.

Website: »Taylor Swift: ›I was literally about to break‹«; https://www.theguardian.com/music/2019/aug/24/taylor-swift-pop-music-hunger-games-gladiators; abgerufen am 07.01.2024.

Website: »Taylor Swift's »Style« Music Video Debuts Early and Features a Nod to Ex-Boyfriend Harry Styles– Watch Now!«; https://www.eonline.com/news/625394/taylor-swift-s-style-music-video-debuts-early-and-features-a-nod-to-ex-boyfriend-harry-styles-watch-now; abgerufen am 07.01.2024.

Website: »Taylor Swift Talks«; https://www.glamour.com/story/taylor-swift-talks; abgerufen am 07.01.2024.

Website: »The ESQ&A: Taylor Swift, In Between Eras (Published 2014)«; https://www.esquire.com/entertainment/music/a30491/taylor-swift-1114/; abgerufen am 08.01.2024.

Youtube-Video: »NYU's 2022 Commencement Speaker Taylor Swift«; https://www.youtube.com/watch?v=OBG50aoUwlI; abgerufen am 07.01.2024.

Youtube-Video: »Taylor Swift Fearless Release Interview on Ellen 11/11/08 Part 1«; https://www.youtube.com/watch?v=aDn9i5jkrel; abgerufen am 07.01.2024.

Youtube-Video: »Taylor Swift – Live on your own terms | MOTIVATIONAL VIDEO«; https://www.youtube.com/watch?v=ghcFVCqr0iE; abgerufen am 08.01.2024.

Youtube-Video: »Taylor Swift NOW Listening Session with Taylor Grammy Museum«; https://www.youtube.com/watch?v=SVGbjszns3A; abgerufen am 08.01.2024.

Youtube-Video: »Wildest Dreams (Commentary)«; https://music.youtube.com/watch?v=YOYXax2Ygn4&list=OLAK5uy_knugp3pcdtuz6Oil8vBHX9V5PkpVCnnK0; abgerufen am 08.01.2024.

Familienbande

Instagram-Post: »Happy 29th Birthday«; https://www.instagram.com/p/BrVwuyVn3oU/?hl=de; abgerufen am 09.01.2024.

Website: »All About Taylor Swift's Grandparents«; https://people.com/all-about-taylor-swift-grandparents-7558166/; abgerufen am 09.01.2024.

Website: »All About Taylor Swift's Parents, Scott and Andrea Swift«; https://people.com/music/all-about-taylor-swift-parents-scott-andrea-swift/; abgerufen am 09.01.2024.

Website: »Austin Swift«; https://en.wikipedia.org/wiki/Austin_Swift/; abgerufen am 09.01.2024.

Website: »Austin Swift (Yes, Brother of Taylor) Is Finding His Own Path to the Limelight«; https://www.vanityfair.com/style/2017/06/austin-swift-is-finding-his-own-path-to-the-limelight; abgerufen am 09.01.2024.

Website: »Taylor Swift's Family Guide: Meet the Singer's Supportive Parents and Younger Brother«; https://www.usmagazine.com/celebrity-news/news/taylor-swifts-family-guide-the-singers-parents-and-sibling/;abgerufen am 09.01.2024.

Website: »Taylor Swift's father is a Blue Hen«; https://www1.udel.edu/udaily/2010/sep/swift092309.html; abgerufen am 08.01.2024.

Website: »Taylor Swift: No Longer ›Polite at All Costs‹«; https://variety.com/2020/music/features/taylor-swift-politics-sundance-documentary-miss-americana-1203471910/; abgerufen am 09.01.2024.

Website: »Taylor Swift's road to fame«; https://ew.com/article/2008/02/05/taylor-swifts-road-fame/; abgerufen am 09.01.2024.

Website: »The Very Pink, Very Perfect Life of Taylor Swift«; https://www.rollingstone.com/music/music-country/the-very-pink-very-perfect-life-of-taylor-swift-107451/; abgerufen am 09.01.2024.

Youtube-Video: »NYU's 2022 Commencement Speaker Taylor Swift«; https://www.youtube.com/watch?v=OBG50aoUwlI; abgerufen am 09.01.2024.

Youtube-Video: »Taylor Swift Journey To Fearless Texas The Full DVD«; https://www.youtube.com/watch?v=vnIZN0WgrAE&t; abgerufen am 09.01.2024.

Youtube-Video: »Taylor Swift on Lover and haters«; https://www.youtube.com/watch?v=nDzhoofkRJI; abgerufen am 09.01.2024.

Taylors Heldinnen

Snowden, Jacqueline: The Taylor Swift Fanbook, Bath 2022.

Website: »Taylor Swift: Apple Crusader, #GirlSquad Captain, and the Most Influential 25-Year-Old in America«; https://www.vanityfair.com/style/2015/08/taylor-swift-cover-mario-testino-apple-music; abgerufen am 10.01.2024.

Website: »Taylor Swift: Country, Metal, Hip-Hop and Super Fans«; https://www.rollingstone.com/music/music-news/taylor-swift-country-metal-hip-hop-and-super-fans-236671/; abgerufen am 10.01.2024.

Website: »Taylor Swift: ›I want to believe in pretty lies‹«; https://www.theguardian.com/music/2012/oct/18/taylor-swift-want-believe-pretty-lies; abgerufen am 10.01.2024.

Website: »Taylor Swift Names Her Top 3 Influences – and Yes, Her Two Cats Make the List«; https://people.com/music/taylor-swift-influences-cats-tumblr-paul-mccartney/; abgerufen am 10.01.2024.

Website: »Taylor Swift Reveals Her Biggest Idols in Country Music«; https://tasteofcountry.com/taylor-swift-country-music-idols/; abgerufen am 10.01.2024.

Website: »The Power of Taylor Swift«; https://time.com/3583129/power-of-taylor-swift-cover/; abgerufen am 10.01.2024.

Wikipedia-Seite: »Faith Hill«; https://en.wikipedia.org/wiki/Faith_Hill; abgerufen am 10.01.2024.

Wikipedia-Seite: »Shania Twain«; https://en.wikipedia.org/wiki/Shania_Twain; abgerufen am 10.01.2024.

Wilson, Lana (Regie): *Miss Americana*, Tremolo Productions, Netflix, USA 2020.

Youtube-Video: »My Date With Taylor Swift – Part 3 of 3 – MuchMusic – 2009«; https://www.youtube.com/watch?v=XpjymSUfGQY; abgerufen am 10.01.2024.

Gesellschaftliches Engagement

Instagram-Post: »Happy Pride Month«; https://www.instagram.com/p/ByJzCNZDMgG/?hl=de; abgerufen am 15.01.2024.

Instagram-Post: »Midterm Elections 2018«; https://www.instagram.com/p/BopoXpYnCes/?hl=de; abgerufen am 15.01.2024.

Mediathek-Audio: »›Anything That Connects‹: A Conversation With Taylor Swift«; https://www.npr.org/2014/10/31/359827368/anything-that-connects-a-conversation-with-taylor-swift; abgerufen am 16.01.2024.

Snowden, Jacqueline: The Taylor Swift Fanbook, Bath 2022.

Website: »A Timeline of Taylor Swift's Political Evolution«; https://www.billboard.com/music/pop/taylor-swift-political-evolution-timeline-8528527/; abgerufen am 15.01.2024.

Website: »30 Things I Learned Before Turning 30«; https://www.elle.com/culture/celebrities/a26628467/taylor-swift-30th-birthday-lessons/; abgerufen am 13.01.2024.

Website: »Gerechter streamen«; https://www.tagesspiegel.de/kultur/taylor-swift-kampft-fur-musikerrechte-6609217.html; abgerufen am 13.01.2024.

Website: »Taylor Swift: Das *Rolling Stone*-Interview«; https://www.rollingstone.de/taylor-swift-das-rolling-stone-interview-1777109/; abgerufen am 14.01.2024.

Website: »Taylor Swift: Apple Crusader, #GirlSquad Captain, and the Most Influential 25-Year-Old in America«; https://www.vanityfair.com/style/2015/08/taylor-swift-cover-mario-testino-apple-music; abgerufen am 13.01.2024.

Website: »Taylor Swift Discusses ›The Man‹ & ›It's Nice To Have a Friend‹ In Cover Story Outtakes«; https://www.billboard.com/music/pop/taylor-swift-cover-story-outtakes-the-man-8546109/; abgerufen am 15.01.2024.

Website: »Taylor Swift: ›I was literally about to break‹«; https://www.theguardian.com/music/2019/aug/24/taylor-swift-pop-music-hunger-games-gladiators; abgerufen am 13.01.2024.

Wikipedia-Seite: »You Need to Calm Down«; https://en.wikipedia.org/wiki/You_Need_to_Calm_Down; abgerufen am 15.01.2024.

Wilson, Lana (Regie): *Miss Americana*, Tremolo Productions, Netflix, USA 2020.

Youtube-Video: »Taylor Swift Accepts Woman of the Decade Award | Women In Music«; https://www.youtube.com/watch?v=ZVpkFb9-fts; abgerufen am 16.01.2024.

Youtube-Video: »Taylor Swift on *Lover* and haters«; https://www.youtube.com/watch?v=nDzhoofkRJI; abgerufen am 16.01.2024.

Einleitung

Website: »Seattle Swifties Match 2.3 Magnitude Earthquake at Taylor Swift's Eras Tour«; https://www.rollingstone.com/music/music-news/taylor-swift-seattle-eras-tour-shows-break-seismic-activity-record-in-two-nights-1234796787/; abgerufen am 18.01.2024.

Website: »Taylor Swift Says She Uses Songwriting As ›Protective Armor‹ at *Time* 100 Gala«; https://www.eonline.com/news/1035122/taylor-swift-says-she-uses-songwriting-as-protective-armor-at-time-100-gala; abgerufen am 17.01.2024.

Website: »Taylor Swift to the Haters: ›If You're Upset That I'm Just Being Myself, I'm Going to Be Myself More‹«; https://www.billboard.com/music/pop/taylor-swift-on-new-album-1989-6296366/; abgerufen am 17.01.2024.

Website: »Think You Know Everything About Taylor Swift's ›All Too Well‹? Now You Can Study It in College«; https://www.rollingstone.com/music/music-news/taylor-swift-all-too-well-stanford-class-1234693707/; abgerufen am 17.01.2024.

Wilson, Lana (Regie): *Miss Americana*, Tremolo Productions, Netflix, USA 2020.

Wikipedia-Seite: »Taylor Swift«; https://en.wikipedia.org/wiki/Taylor_Swift; abgerufen am 17.01.2024.

Wikipedia-Seite: »The Eras Tour«; https://en.wikipedia.org/wiki/The_Eras_Tour; abgerufen am 18.01.2024.

Youtube-Video: »NYU's 2022 Commencement Speaker Taylor Swift«; https://www.youtube.com/watch?v=OBG50aoUwlI; abgerufen am 17.01.2024.

Youtube-Video: »Taylor Swift Answers Questions From Fans From *Lover*'s Lounge Live«; https://www.youtube.com/watch?v=iyYhqYELWtA; abgerufen am 17.01.2024.

Youtube-Video: »Taylor Swift Performs At The *Time* 100 Gala«; https://www.youtube.com/watch?v=OJ8_it4KRYU; abgerufen am 17.01.2024.

Taylor Swift

Snowden, Jacqueline: *The Taylor Swift Fanbook*, Bath 2022.

Website: »How Taylor Swift's Debut Album Set Her Apart From The Rest«; https://www.udiscovermusic.com/stories/taylor-swift-debut-album/; abgerufen am 19.01.2024.

Website: »*Taylor Swift* Era«; https://taylorswift-switzerland.ch/index.php/album-eras/taylor-swift-era/; abgerufen am 19.01.2024.

Website: »Taylor Swift's Most Searched Moments«; https://allthestarsaligned.com/; abgerufen am 20.01.2024.

Wikipedia-Seite: »*Taylor Swift* (album)«; https://en.wikipedia.org/wiki/Taylor_Swift_(album); abgerufen am 18.01.2024.

Wikipedia-Seite: »Taylor Swift/Auszeichnungen für Musikverkäufe«; https://de.wikipedia.org/wiki/Taylor_Swift/Auszeichnungen_f%C3%BCr_Musikverk%C3%A4ufe; abgerufen am 18.01.2024.

Wikipedia-Seite: »Tim McGraw (song)«; https://en.wikipedia.org/wiki/Tim_McGraw_(song); abgerufen am 20.01.2024.

Fearless

Hunt, Helena: *Taylor Swift In Her Own Words*, Chicago 2019 .

Instagram-Post: »*Fearless* (Taylor's Version)«; https://www.instagram.com/p/CLJzk9MjcCe/?hl=de; abgerufen am 23.01.2024.

Snowden, Jacqueline: *The Taylor Swift Fanbook*, Bath 2022.

Website: »*Fearless* Era«; https://taylorswiftswitzerland.ch/index.php/album-eras/fearless-era/; abgerufen am 21.01.2024.

Website: »She's writing her future«; https://www.latimes.com/archives/la-xpm-2008-oct-26-ca-swift26-story.html; abgerufen am 21.01.2024.

Wikipedia-Seite: »*Fearless* (Taylor Swift album)«; https://en.wikipedia.org/wiki/Fearless_(Taylor_Swift_album); abgerufen am 18.01.2024.

Wikipedia-Seite: »*Fearless* (Taylor's Version)«; https://en.wikipedia.org/wiki/Fearless_(Taylor%27s_Version); abgerufen am 23.01.2024.

Wikipedia-Seite: »Taylor Swift/Auszeichnungen für Musikverkäufe«; https://de.wikipedia.org/wiki/Taylor_Swift/Auszeichnungen_f%C3%BCr_Musikverk%C3%A4ufe; abgerufen am 18.01.2024.

Speak Now

Hunt, Helena: *Taylor Swift In Her Own Words*, Chicago 2019.

Snowden, Jacqueline: *The Taylor Swift Fanbook*, Bath 2022.

Website: »From ›McGraw‹ to *Midnights*: A Retrospective of Taylor Swift's Album Eras and Aesthetics«; https://www.elle.com/culture/music/a41726787/taylor-swift-all-album-eras-aesthetics-explained/; abgerufen am 24.01.2024.

Website: »Taylor Swift Makes History As First Woman With Four Albums in Top 10 Simultaneously«; https://taylorswiftswitzerland.ch/index.php/album-eras/speak-now-era/; abgerufen am 23.01.2024.

Website: »*Speak Now* Era«; https://www.rollingstone.com/music/music-news/taylor-swift-speak-now-makes-history-four-albums-top-10-simultaneously-1234789422/; abgerufen am 24.01.2024.

Wikipedia-Seite: »*Speak Now*«; https://en.wikipedia.org/wiki/Speak_Now; abgerufen am 18.01.2024.

Wikipedia-Seite: »*Speak Now* (Taylor's Version)«; https://en.wikipedia.org/wiki/Speak_Now_(Taylor%27s_Version); abgerufen am 24.01.2024.

Wikipedia-Seite: »*Speak Now* World Tour«; https://en.wikipedia.org/wiki/Speak_Now_World_Tour; abgerufen am 23.01.2024.

Wikipedia-Seite: »Taylor Swift/Auszeichnungen für Musikverkäufe«; https://de.wikipedia.org/wiki/Taylor_Swift/Auszeichnungen_f%C3%BCr_Musikverk%C3%A4ufe; abgerufen am 18.01.2024.

Youtube-Video: »54th GRAMMY Awards - Taylor Swift Interview«; https://www.youtube.com/watch?v=XZj22WiEJ38; abgerufen am 23.01.2024.

Red

Website: »All of Taylor Swift's Album Eras and Their Distinctive Styles«; https://www.lofficielusa.com/pop-culture/every-taylor-swift-album-era-style; abgerufen am 26.01.2024.

Website: »*Red* Era«; https://taylorswiftswitzerland.ch/index.php/album-eras/red-era/; abgerufen am 26.01.2024.

Website: »Taylor Swift: ›I want to believe in pretty lies‹«; https://www.theguardian.com/music/2012/oct/18/taylor-swift-want-believe-pretty-lies; abgerufen am 26.01.2024.

Website: »Taylor Swift's Most Searched Moments«; https://allthestarsaligned.com/; abgerufen am 26.01.2024.

Website: »The 100 Greatest Songs of the Century – So Far«; https://www.rollingstone.com/music/music-lists/the-100-greatest-songs-of-the-century-so-far-666874/redbone-childish-gambino-666794/; abgerufen am 26.01.2024.

Wikipedia-Seite: »*Red* (Taylor Swift album)«; https://en.wikipedia.org/wiki/Red_(Taylor_Swift_album); abgerufen am 18.01.2024.

Wikipedia-Seite: »*Red* (Taylor's Version)«; https://en.wikipedia.org/wiki/Red_(Taylor%27s_Version); abgerufen am 26.01.2024.

Wikipedia-Seite: »Taylor Swift/Auszeichnungen für Musikverkäufe«; https://de.wikipedia.org/wiki/Taylor_Swift/Auszeichnungen_f%C3%BCr_Musikverk%C3%A4ufe; abgerufen am 18.01.2024.

Youtube-Video: »Taylor Swift MTV UK Wonderstruck interview«; https://www.youtube.com/watch?v=4fx6955vahw; abgerufen am 26.01.2024.

Youtube-Video: »Taylor Swift: NPR Music Tiny Desk Concert«; https://www.youtube.com/watch?v=FvVnP8G6ITs; abgerufen am 26.01.2024.

1989

Website: »All of Taylor Swift's Album Eras and Their Distinctive Styles«; https://www.lofficielusa.com/pop-culture/every-taylor-swift-album-era-style; abgerufen am 27.01.2024.

Website: »The Oral History of Taylor Swift's *1989*«; https://medium.com/cuepoint/the-oral-history-of-taylor-swift-s-1989-d9869cc13adc; abgerufen am 27.01.2024.

Website: »The Reinvention of Taylor Swift«; https://www.rollingstone.com/music/music-news/the-reinvention-of-taylor-swift-116925/; abgerufen am 27.01.2024.

Wikipedia-Seite: » *1989* (album)«; https://en.wikipedia.org/wiki/1989_(album); abgerufen am 18.01.2024.

Wikipedia-Seite: » *1989* (Taylor's Version)«; https://en.wikipedia.org/wiki/1989_(Taylor%27s_Version); abgerufen am 27.01.2024.

Wikipedia-Seite: »Taylor Swift/Auszeichnungen für Musikverkäufe«; https://de.wikipedia.org/wiki/Taylor_Swift/Auszeichnungen_f%C3%BCr_Musikverk%C3%A4ufe; abgerufen am 18.01.2024.

Youtube-Video: »Taylor Swift's *1989* Secret Session«; https://www.youtube.com/watch?v=50ZLsEck030; abgerufen am 27.01.2024.

reputation

Website: »30 Things I Learned Before Turning 30«; https://www.elle.com/culture/celebrities/a26628467/taylor-swift-30th-birthday-lessons/; abgerufen am 28.01.2024.

Website: »From ›McGraw‹ to *Midnights*: A Retrospective of Taylor Swift's Album Eras and Aesthetics«; https://www.elle.com/culture/music/a41726787/taylor-swift-all-album-eras-aesthetics-explained/; abgerufen am 28.01.2024.

Website: »*reputation* Era«; https://taylorswiftswitzerland.ch/index.php/album-eras/reputation-era/; abgerufen am 29.01.2024.

Website: »Taylor Swift: Das *Rolling Stone*-Interview«; https://www.rollingstone.de/taylor-swift-das-rolling-stone-interview-1777109/; abgerufen am 29.01.2024.

Wikipedia-Seite: »*reputation* (album)«; https://en.wikipedia.org/wiki/Reputation_(album); abgerufen am 18.01.2024.

Wikipedia-Seite: »Taylor Swift/Auszeichnungen für Musikverkäufe«; https://de.wikipedia.org/wiki/Taylor_Swift/Auszeichnungen_f%C3%BCr_Musikverk%C3%A4ufe; abgerufen am 18.01.2024.

Youtube-Video: »Taylor Swift: Road to Reputation«; https://www.youtube.com/watch?app=desktop&v=iluMyVZloK4; abgerufen am 29.01.2024.

Lover

Website: »*Lover* Era«; https://taylorswiftswitzerland.ch/index.php/album-eras/lover-era/; abgerufen am 29.01.2024.

Website: »Taylor Swift: Das *Rolling Stone*-Interview«; https://www.rollingstone.de/taylor-swift-das-rolling-stone-interview-1777109/; abgerufen am 31.01.2024.

Website: »Taylor Swift interview: »What you didn't know about ME!‹«; https://www.independent.co.uk/arts-entertainment/music/features/taylor-swift-me-interview-new-music-video-latest-a8928306.html; abgerufen am 31.01.2024.

Wikipedia-Seite: »*Lover* (album)«; https://en.wikipedia.org/wiki/Lover_(album); abgerufen am 18.01.2024.

Wikipedia-Seite: »Taylor Swift/Auszeichnungen für Musikverkäufe«; https://de.wikipedia.org/wiki/Taylor_Swift/Auszeichnungen_f%C3%BCr_Musikverk%C3%A4ufe; abgerufen am 18.01.2024.

Youtube-Video: »Taylor Swift Answers Questions From Fans From *Lover*'s Lounge Live«; https://www.youtube.com/watch?v=iyYhqYELWtA; abgerufen am 31.01.2024.

folklore & evermore

Swift, Taylor: *folklore*: The Long Pond Studio Sessions, Taylor Swift Productions, Big Branch Productions, Disney+, USA 2020.

Tweet: »*evermore* annoucement«; https://twitter.com/taylorswift13/status/1337263259469164545; abgerufen am 01.2.2024.

Website: »*evermore*«; https://taylorswiftswitzerland.ch/index.php/albums/evermore/; abgerufen am 01.02.2024.

Website: »*folklore*«; https://taylorswiftswitzerland.ch/index.php/albums/folklore-album/; abgerufen am 01.02.2024.

Website: »*folklore* & *evermore* Era«; https://taylorswiftswitzerland.ch/index.php/album-eras/folklore-evermore-era/; abgerufen am 01.02.2024.

Website: »From ›McGraw‹ to *Midnights*: A Retrospective of Taylor Swift's Album Eras and Aesthetics«; https://www.elle.com/culture/music/a41726787/taylor-swift-all-album-eras-aesthetics-explained/; abgerufen am 31.01.2024.

Wikipedia-Seite: »*evermore* (Taylor Swift album)«; https://en.wikipedia.org/wiki/Evermore_(Taylor_Swift_album); abgerufen am 18.01.2024.

Wikipedia-Seite: »*folklore* (Taylor Swift album)«; https://en.wikipedia.org/wiki/Folklore_(Taylor_Swift_album); abgerufen am 18.01.2024.

Wikipedia-Seite: »Taylor Swift/Auszeichnungen für Musikverkäufe«; https://de.wikipedia.org/wiki/Taylor_Swift/Auszeichnungen_f%C3%BCr_Musikverk%C3%A4ufe; abgerufen am 18.01.2024.

Midnights

Instagram-Post: »Meet me at midnight«; https://www.instagram.com/p/Ch1Ed_Su6Qw/?img_index=2; abgerufen am 01.02.2024.

Website: »From ›McGraw‹ to *Midnights*: A Retrospective of Taylor Swift's Album Eras and Aesthetics«; https://www.elle.com/culture/music/a41726787/taylor-swift-all-album-eras-aesthetics-explained/; abgerufen am 01.02.2024.

Website: »*Midnights*«; https://taylorswiftswitzerland.ch/index.php/albums/midnights/; abgerufen am 02.02.2024.

Website: »*Midnights* Era«; https://taylorswift-switzerland.ch/index.php/album-eras/midnights-era/; abgerufen am 01.02.2024.

Wikipedia-Seite: »*Midnights*«; https://de.wikipedia.org/wiki/Midnights; abgerufen am 02.02.2024.

Wikipedia-Seite: »*Midnights*«; https://en.wikipedia.org/wiki/Midnights; abgerufen am 18.01.2024.

Wikipedia-Seite: »Taylor Swift/Auszeichnungen für Musikverkäufe«; https://de.wikipedia.org/wiki/Taylor_Swift/Auszeichnungen_f%C3%BCr_Musikverk%C3%A4ufe; abgerufen am 18.01.2024.

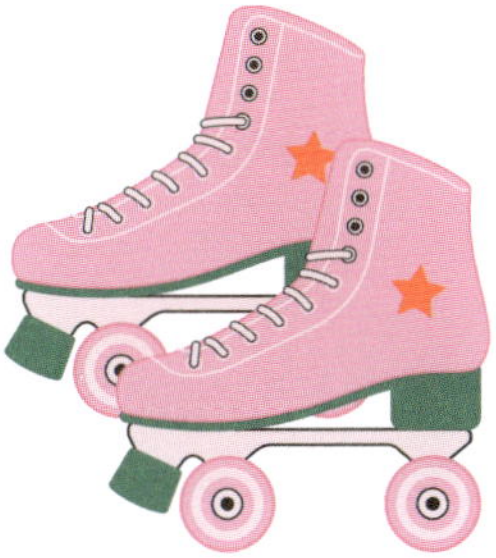

Bildnachweis

Vorwort
IMAGO / USA TODAY Network (S. 6)

Einführung
IMAGO / ZUMA Wire (S. 11)

Taylor, der Mensch
IMAGO: Avalon.red (S. 58), China Foto Press (S. 53), Cover-Images (S. 36), Depositphotos (S. 48), Eyepix Group (S. 30), Newscom / Servicio Universal Noticias (S. 15), Pond5 Images (S. 50), YAY Images (S. 39), Zoonar (S. 24), ZUMA Press (S. 16, 45), ZUMA Wire (S. 29);
picture alliance: Matt Sayles/Invision/AP | Matt Sayles (S. 22), Newscom | Photo By John Barrett/CelebrityArchaeology (S. 33), REUTERS | LUCY NICHOLSON (S. 37)

Taylor, die Bezugsperson
IMAGO: Avalon.red (S. 65), Runway Manhattan (S. 80), UPI Photo (S. 69, 98), USA TODAY Network (S. 85), VCG (S. 70), ZUMA Press (S. 91); picture alliance: ASSOCIATED PRESS | Julio Cortez (S. 87), empics | Yui Mok (S. 77), Photoshot (S. 107)
Sina Buchwitz: S. 73-75

Taylor, der Weltstar
IMAGO: Avalon.red (S. 127), Everett Collection (S. 133), Icon Sportswire (S. 114), MediaPunch (S. 145), PA Images (S. 139), PicturePerfect (S. 117), Pond5 Images (S. 142, 148), UPI Photo (S. 128, 147), ZUMA Wire (S. 120, 124, 136)
picture alliance: ASSOCIATED PRESS | George Walker IV8 (S. 153)

Über die Autorin

Sina Buchwitz studierte Germanistik und Literatur an der Rheinischen Friedrich-Wilhelms-Universität in Bonn. Seit über zehn Jahren widmet sie sich als freie Autorin und Redakteurin vielen popkulturellen und Lifestyle-Themen und schreibt u. a. für »uDiscover Music« von Universal Music.

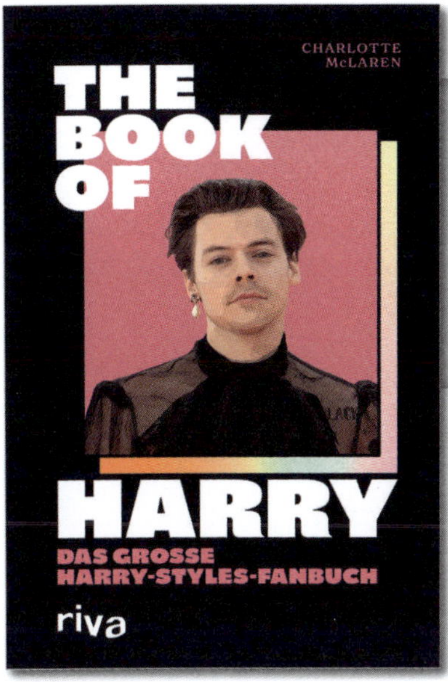

Auch als **E-Book** erhältlich

144 Seiten
10,00 € (D) | 10,30 € (A)
ISBN 978-3-7453-2408-2

Charlotte McLaren

The Book of Harry

Das große Harry-Styles-Fanbuch

Superstar. Fashionikone. Everybody's Darling – Harry Styles! Er hat sämtliche Chartrekorde gebrochen, etliche Auszeichnungen erhalten und war der erste Mann, der allein auf dem Cover der »Vogue« zu sehen war. Dennoch ist er auf dem Boden geblieben, authentisch und ohne Angst, sich von seiner verletzlichen Seite zu zeigen. Ein echtes Vorbild mit einem großen Herz für seine Fans. Dieses liebevoll gestaltete Buch zeichnet Harrys unglaubliche Reise zum Weltstar nach. Und es zeigt, was wir alle von seiner Musik und Einstellung zum Leben lernen können. Wie lassen sich Stil, Selbstvertrauen und Mut gewinnen? Wie können wir anderen Menschen genauso nett und offen begegnen, wie Harry das tut? Harry Styles weist uns bescheiden den Weg.

riva

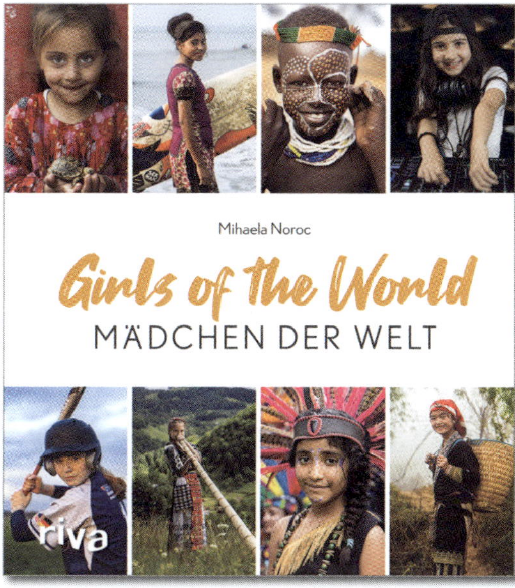

Auch als **E-Book** erhältlich

256 Seiten
25,00 € (D) | 25,80 € (A)
ISBN 978-3-7423-2419-1

Mihaela Noroc

Girls of the World – Mädchen der Welt

ENTDECKE DIE SCHÖNHEIT DER MÄDCHEN WELTWEIT

Nach ihrem erfolgreichen Bildband »Atlas of Beauty« und inspiriert von der Geburt ihrer ersten Tochter startet Fotografin Mihaela Noroc ihr nächstes großes Fotoprojekt. Diesmal bereist sie nahe und ferne Länder, um junge Mädchen zu fotografieren und deren bezaubernde Geschichten zu verewigen.

Dieses Buch enthält 250 Porträts von Mädchen aus den verschiedensten Ländern der Welt. Die Bilder sind so einzigartig wie die Mädchen, die sie zeigen. Schönheit und Stärke kennen weder Alter noch Trends noch Herkunft. Die Welt birgt eine erstaunliche Vielfalt, spannende Traditionen sowie bittere Realitäten. Doch eines haben all diese Mädchen gemeinsam: Sie sind mutig, stolz und wunderschön.

Die deutsche Ausgabe von »Girls of the World: 250 Portraits of Awesome«

riva